Herbert Vinçon
Weise mir, Herr, deinen Weg

D1663442

Herbert Vinçon

WEISE MIR, HERR, DEINEN WEG

Bittgebete und Fürbitten

BETULIUS

Die Deutsche Bibliothek – CIP-Einheitsaufnahme

Vinçon, Herbert:
Weise mir, Herr, deinen Weg: Bittgebete und Fürbitten /
Herbert Vinçon. – Stuttgart: Betulius, 2000
ISBN 3-89511-075-2

Umschlaggestaltung: Atelier Reichert, Stuttgart.
Reproduktion: Pix' Unlimited, Ulf Dengler, Stuttgart.
Gesamtherstellung: Clausen & Bosse GmbH, Leck

Inhalt

5

"Weise mir, Herr, deinen Weg!" Diese Bitte aus Ps 86, 11 bildet den Titel der hier vorgelegten Sammlung von Bittgebeten und Fürbitten. Sie sind in erster Linie für den Gottesdienst gedacht, können aber auch in Gemeindegruppen Verwendung finden oder der persönlichen Andacht dienen.

Im evangelischen Gemeindegottesdienst hat das Eingangsgebet die Aufgabe, die Menschen, die zum Gottesdienst gekommen sind, "abzuholen", sie zu sammeln und einzustimmen. Das Gebet im Schlußteil des Gottesdienstes ist in der Regel ein Bittgebet. Es schlägt die Brücke zurück in den Alltag. Diesem Ziel gilt der Psalmvers, der als Titel dieser Sammlung gewählt wurde.

Das Fürbittengebet ist der Ort, an dem ganz konkrete Bitten und Anliegen ausgesprochen werden können, wie sie die Zeit und der Tag mit sich bringen. Dies kann man in der Regel von einem Gebetbuch nicht erwarten, doch ist eine spürbare Nähe zum Zeitgeschehen unerläßlich. Hoffentlich ist es gelungen, dieser Aufgabe gerecht zu werden.

Die Anliegen der hier vorgelegten Bittgebete und Fürbitten sind jeweils mit einem Stichwort in alphabetischer Reihenfolge angegeben. Oft haben sie einen Bezug zum Charakter der Sonntage im Kirchenjahr und zu den Predigtperikopen.

Am Ende des Buches findet der Leser und Benützer drei Register, die ihm den Gebrauch dieser Sammlung wesentlich erleichtern. Das erste gibt darüber Auskunft, zu welchem Sonntag des Kirchenjahres die einzelnen Gebete passen. Das zweite zeigt auf, mit welchen biblischen Texten die einzelnen Gebete in Verbindung stehen. In einem dritten Register werden für die Gottesdienstgestaltung Vorschläge gemacht für die Auswahl des Psalmgebets, um von der Eröffnung des Gottesdienstes über Predigttext und Predigt zum Fürbittengebet einen durchgängigen Weg zu gehen.

Dieses Buch ist herausgewachsen aus meiner Arbeit als Gemeindepfarrer an der Albert-Schweitzer-Kirche in Tübingen. Ich muß gestehen, daß ich erst im Laufe der Zeit erkannt habe, welches Gewicht der Vorbereitung der Gebete neben und im Zusammenhang mit der Predigt-vorbereitung zukommt. Ich hoffe, daß die Sammlung vielen hilfreich sein kann, die vor der Aufgabe stehen, Gemeinde-gottesdienste und Andachten vorzubereiten und zu halten.

Perouse, September 2000   Herbert Vinçon

Abschied

Unser Gott, Schöpfer des Lebens, Quelle der Hoffnung!
Alles hat seine Zeit: Gehen und Kommen, Lachen und
Weinen, Finden und Verlieren, Nahesein und Fernsein.
Noch sind wir unterwegs im weiten Land der Zeit, noch sind
wir da, wo es Abschied gibt, wo wir loslassen müssen und
anvertrauen, wo wir keine Art von Glück an uns binden und
festhalten können.
Immer wieder gilt es, neu leben zu lernen,
neuen Situationen sich zu öffnen und standzuhalten.
Noch sind wir da, wo viele Fragen ungelöst und
unbeantwortet bleiben. Wann werden wir den Sinn erkennen?
Wann werden wir Antworten finden auf alle Fragen,
die uns bewegen und beunruhigen und auch weh tun?
Laß es uns nicht fehlen an Geduld, behüte uns vor
Verbitterung, bewahre uns davor, daß die Lebendigkeit, die
du uns geschenkt hast, gelähmt wird und erstarrt.
Gib uns Menschen an die Seite,
die uns begleiten und weiterhelfen können.
Gib uns offene Augen für neue Aufgaben, für die wir unsere
Kräfte gebrauchen können und für die es sich lohnt zu leben.
"Die mit Tränen säen, werden mit Freuden ernten!"
Wie können wir das selbst erfahren? Wie kann in dem, was
uns weh tut, etwas enthalten sein, von dem wir leben
können?
Wie kann etwas daraus hervorgehen,
was unser Leben wieder heller und freundlicher,
unser Herz wieder zuversichtlicher und leichter macht?
Es müßte etwas von deiner schöpferischen Liebe darin
liegen, Hoffnung auf eine gemeinsame Zukunft, auf ein
Wiederfinden aller bei dir, in deinem Frieden.
Eine Hoffnung, die kein Abschied zerstören kann.
Schenke uns den weiten Blick des Glaubens,
schenke uns die Kraft, uns dem Weg anzuvertrauen,
die Stufen des Lebens zu betreten, die vor uns liegen,
deinen Frieden auch jetzt schon zu suchen
und Schritte zu wagen zu diesem Ziel hin.

Amen

ADVENT

Unser Gott, König der Ehre!
Du kommst in die Welt,
Friedensbringer, Hort der Gerechtigkeit,
Brunnen der Liebe, Fels der Hoffnung!
Du der Kommende!
Und wo ist das Tor, durch das du einziehst?
Das Tor sind wir selbst.
Das Tor ist unser eigenes Leben.
Jedes Leben kann eine Türe sein, durch die du zur Welt
kommst.
Hilf uns, daß wir uns nicht verschließen vor dir.
Deine Liebe ist der Schlüssel, welcher alle Türen öffnen
kann,
die Verschlossenheiten unserer Gedanken,
unserer Erfahrungen,
unserer Enttäuschungen und Kümmernisse,
unserer Ängste und Sorgen,
unserer Anmaßungen.
Öffne alle diese Türen mit dem Schlüssel deiner Liebe,
damit wir dich aufnehmen in unser Dasein
und in deinem Licht leben.   Amen

ADVENT

Täglich werden uns die Übel der Welt vor Augen geführt.
Jeden Tag hören wir Hiobsbotschaften, sehen Bilder
des Unglücks und des Elends. Was kommt auf uns zu?
Wir ahnen nichts Gutes, trauen nicht mehr
den festen Ordnungen und Gebilden unserer Hand.
Was wird aus uns? Werden wir uns flüchten in
Gleichgültigkeit oder in die Zuschauerrolle?
Werden wir der Müdigkeit verfallen, unfruchtbar sein wie
der Boden, auf den kein Regen gefallen ist?
Unser Gott! Erwecke in uns die Kräfte des Aufbruchs,
die in Elend und Leid verborgen liegen.

Amen

ADVENT

Jesus Christus, König des Friedens!
In dieser Zeit des Advents zünden wir Lichter an für dich
zum Zeichen, daß wir auf dein Kommen warten.
Unsere Lichter sind klein und gering, sie verbrennen bald,
und wenn der Wind sie anbläst, verlöschen sie.
Dein Licht ist anders.
Es ist das Licht der Liebe und des Friedens Gottes,
das du auf die Erde zu uns bringst und in unserer Dunkelheit
leuchten läßt.
Schenke uns eine schöne Zeit des Advents.
Gib, daß nicht nur die Kerzen leuchten auf dem
Adventskranz,
gib uns auch das Licht des Glaubens an dich,
das Licht der Hoffnung, daß du auch in unsere Zeit
hereinkommst und in unser Leben, und das Licht der Liebe,
das unsere Welt heller macht.
Schenke uns Licht in unseren Verstand und in unser Herz.
Wir bitten dich für alle Menschen, deren Leben dunkel ist,
weil sie krank sind oder einsam und allein,
für die Menschen, die Hunger leiden müssen,
Verfolgung und Gewalt durch Krieg.
Zu allen soll etwas kommen von deinem Licht des Lebens
und von deiner Freude.
Wir bitten dich, daß auch wir einander Freude machen,
damit man merkt, daß du in die Welt gekommen bist
und die Welt und alles Leben,
das Gott geschaffen hat, lieb hast.
Wenn wir etwas weitergeben von deiner Güte und deiner
Sanftmut, dann bist du selbst nahe.
Befreie uns von den Sorgen, wo unsere Gedanken nur um
uns selbst kreisen.
Laß uns deine Nähe suchen und finden im Gebet.
Und wenn wir in der Welt nur Unfrieden und viel Elend
wahrnehmen und erkennen,
dann befestige uns und laß uns in unseren Herzen deinen
Frieden spüren.

Amen

Unser Gott,
auch unsere Seele möchte dich erheben wie Maria es tun
konnte,
unser Geist Freude empfinden an dir.
Du hast die Niedrigkeit dieser Frau angesehen – Maria –,
sie war dir nicht zu gering, deinen Sohn zur Welt zu
bringen, dich selbst uns nahe zu bringen.
Große Dinge hast du an ihr getan.
Gib uns einen Blick für das Große,
denn unsere Augen sind verstellt, sind geblendet von den
Großartigkeiten,
die wir selbst auf die Beine stellen.
Groß aber ist deine Barmherzigkeit.
Sie richtet auf, sie weitet den Blick, sie weitet das Herz,
sie weitet den Verstand.
Von Geschlecht zu Geschlecht gehst du den Weg der
Barmherzigkeit,
richtest auf, was niedergedrückt wird und klein gemacht.
Was sich aufbläht und groß macht, hat keinen Bestand.
Gewalt hat keinen Bestand und schafft nichts Beständiges.
Deine Gerechtigkeit läßt es nicht zu, daß sie sich für immer
einrichten kann.
Gedenke, Herr, deiner Barmherzigkeit auch für unsere
Zeit, denn sie wartet darauf.
Die Geplagten und Leidenden sehnen sich nach Frieden
und nach Gerechtigkeit.
Rede zu uns durch deinen Geist.
Rede zu uns durch Jesus Christus und sein Evangelium.
Mach unseren Geist offen und bereit, dich zu vernehmen,
die Zeichen deines Kommens zu erkennen,
deine Spuren wahrzunehmen und ihnen zu folgen.
Laß jeden den Weg finden zu dem Frieden,
nach dem sich alle sehnen,
den die Propheten verkündigt haben
und der in deinem Sohn Jesus Christus erschienen ist bei
uns. Richte unsere Füße auf den Weg seines Friedens.

Amen

ANGST

Unser Gott,
solange wir leben, müssen wir uns mit der Angst
auseinandersetzen.
"In der Welt habt ihr Angst", hat Jesus Christus gesagt:
die Angst, verlassen zu werden,
die Angst zu versagen,
die Angst vor Krankheit und vor dem Tod,
die Angst vor anderen Menschen,
vor Gewalt und Verbrechen,
Angst vor Katastrophen und vor Krieg,
vor der Zerstörung der Schöpfung,
die Angst, nicht mehr mitzukommen in den Veränderungen
des Fortschritts.
Aber wo kämen wir hin, wenn uns diese Ängste fehlen
würden?
Du selbst hast uns die Fähigkeit zu solcher Angst
anerschaffen,
um uns zu schützen,
du hast uns Vernunft und vielerlei Geschick gegeben,
den Gefahren zu begegnen und auf Rettung zu sinnen.
Behüte uns aber davor, daß die Angst zur Grundstimmung
unseres Daseins wird und die Freude an deinem Geschenk
des Lebens untergraben und ausgehöhlt wird,
Vertrauen, Hoffnung und Heiterkeit verloren gehen.
Auf Schritt und Tritt ermutigt uns dein Wort und sagt:
"Fürchte dich nicht!"
Du bist ein liebender Gott
und Liebe treibt die Angst aus.
Wo wir in der Liebe leben, werden wir Geborgenheit
finden,
Freude und Glück.
Schuld kann vergeben werden,
und Menschen können die Chance bekommen
zu neuen Anfängen in ihrer Lebensgestaltung.
Hilf uns, durch die Liebe die Fluten der Angst
einzudämmen.

Amen

ANGST

Unser Gott, Schöpfer des Himmels und der Erde!
Laß dein kräftiges Licht der Hoffnung in unsere Herzen
scheinen
und vertreibe daraus die Dunkelheit der Angst.
Wir bitten dich für die Kinder,
daß sie geborgen in der Liebe ihrer Eltern aufwachsen,
daß sie nicht eingeschüchtert oder vernachlässigt werden,
sondern mutig und fröhlich zum Leben.
Wir bitten dich für die Menschen, die sich schwer tun
mit ihrer Arbeit, die Angst haben zu versagen
oder ihren Arbeitsplatz zu verlieren,
daß sie mit ihren Problemen nicht allein gelassen sind.
Wir bitten dich für die alten Menschen, daß sie nicht
Angst haben müssen vor den Beschwerden und
Einschränkungen des Alters,
sondern sich auf Hilfe und Pflege verlassen können.
Wir bitten dich für die Kranken, die Angst haben müssen,
wie es mit ihnen weitergeht,
daß die heilsame Kraft der Hoffnung sie stärkt.
Wir bitten dich für die Sterbenden, daß sie im Vertrauen
auf die Ankunft in deinem Frieden Abschied nehmen
können.

Amen

ARBEIT

Gott, Schöpfer des Himmels und der Erde!
Du hast uns Menschen nach deinem Ebenbilde geschaffen,
und so hast du uns auch nach deiner Art schöpferische Kräfte
gegeben, die Möglichkeit und damit auch die Aufgabe, nach
unserem Maß etwas Gutes und Nützliches zu schaffen.
Wir bitten dich, daß wir daraus Sinn und Befriedigung für
unser Leben ziehen können.
Laß auch gute Gemeinschaft daraus hervorwachsen,
indem wir gegenseitig Anteil und Nutzen haben an unserem
Können, und in der Lage sind, einander zu helfen.

Wir bitten dich:

Gemeinde: "Laß unser Werk geraten wohl" (EG 437,4)

Wir bitten dich
um Gesundheit und Kraft
für die tägliche Arbeit,
die wir zu erledigen haben.
Schenke uns auch, daß wir Zeiten der Ruhe
und der Erholung finden
und sie genießen können,
daß wir uns nicht haltlos verzehren lassen von der Arbeit
und uns übermäßig dem Streß aussetzen.
Erhalte in uns die Freude an unseren Aufgaben,
schenke uns Augenmaß, daß wir uns selbst und andere nicht
überfordern.
Wir bitten dich:

Gemeinde: "Laß unser Werk geraten wohl" (EG 437,4)

Es ist eine große und sinnvolle Sache,
für das tägliche Brot zu sorgen und zu arbeiten,
sich an den vielfältigen Aufgaben in der Gesellschaft zu
beteiligen,
Kinder zu betreuen, mit ihnen zu lernen,
Jugendliche auszubilden,
Kranken zu helfen, Hilfsbedürftige zu versorgen und zu
pflegen,
in den vielen Bereichen der Gesellschaft Hand anzulegen
und zu helfen,
daß das Leben florieren kann.
Laß uns die Würde unserer Arbeit nicht aus dem Auge
verlieren,
jegliche Arbeit und die Menschen, die sie tun,
respektieren.
Hilf uns, daß wir unserer Verantwortung dabei gerecht
werden.
Wir bitten dich:

Gemeinde: "Laß unser Werk geraten wohl" (EG 437,4)

ARBEIT

Unser Gott,
in der Arbeit finden wir beides: Freude und Mühe.
Wir bitten dich dafür um Kraft und Energie,
um Geduld und Ausdauer.
Laß uns in unserer Arbeit Befriedigung und Erfüllung
finden,
Freude an dem Nutzen, den wir mit unserer Arbeit stiften,
Lust, auch Schwierigkeiten dabei zu meistern.
Jeder kann etwas dazu beitragen,
daß Menschen in einer guten Atmosphäre
zusammenarbeiten können.
Gib uns dazu die nötige Freundlichkeit und
Umgänglichkeit,
Geduld auch, und nicht zuletzt Humor.
Mach uns frei dazu, daß wir es auch übers Herz bringen,
uns zu entschuldigen, wo wir einen Fehler gemacht haben.
Für die Vorgesetzen bitten wir, daß sie allen Mitarbeitern
mit Achtung und Gerechtigkeit begegnen.
Wir bitten dich um Standhaftigkeit, dabei nicht
mitzumachen, wo man ungerecht mit Menschen umgeht,
sie verletzt, schikaniert oder unter Druck setzt.
Leistung ist nicht alles, was einen Menschen ausmacht.
Bewahre uns vor der Überschätzung dieser Dinge,
daß wir nicht unsere Lebensfreude nur vom Erfolg,
von der Karriere und vom Erreichen von Positionen
abhängig machen.
Nichts davon werden wir einmal mitnehmen können aus
diesem Leben.
Schenke uns, daß wir fröhlich leben können
und laß uns den Sinn für die Werte,
die über Arbeit, über Erfolg, Karriere und Geld
hinausgehen, nicht verlieren.
Gib uns Anteil an deiner Güte.
Durch unsere Arbeit gibst du uns die Chance,
auf dem Weg der Gerechtigkeit
und der Dankbarkeit zu gehen.
Unser Leben besteht nicht nur aus Nehmen, sondern auch
aus Geben.

Laß uns erkennen, daß Arbeit eine Frage der Gerechtigkeit,
und die Versorgung derjenigen, die nicht arbeiten können,
eine Frage der Menschlichkeit und Solidarität,
eine Aufgabe der Nächstenliebe ist.
Gib, daß die Möglichkeit zu arbeiten
keinem vorenthalten wird.
Laß die Verantwortlichen in Politik und Wirtschaft
erkennen, daß nicht nur Geld auf dem Spiel steht, sondern
der Mensch, der die Gelegenheit braucht, ein befriedigendes
und erfülltes Leben zu führen.
Begleite du mit deinem Segen all unser Arbeiten.   Amen

ARMUT

Unser Gott,
reiche und arme Menschen leben neben einander auf dieser
Erde. Wir wissen, daß es nicht genügt, für die Armen zu
beten, sondern Beten und Tun des Gerechten müssen Hand
in Hand gehen.
Wir beten für die Hungernden, Obdachlosen, den
Krankheiten ohne medizinische Versorgung Ausgelieferten,
für die Menschen, die keine Chance haben, aus eigener Kraft
ihre Lage zu verbessern.
Wir beten um Hilfsbereitschaft und Großzügigkeit der
Reichen für die Armen.
Mehr aber noch beten wir um Gerechtigkeit,
daß ihnen ihre menschlichen Rechte und ihre Würde nicht
vorenthalten werden;
daß die Ressourcen und Schätze ihrer Länder
nicht in die Taschen der Reichen fließen, und sie nicht
erdrückt werden von übergroßen Schuldenlasten.
Wir bitten dich für die Politiker, die Fachleute der Banken
und der internationalen Wirtschaftsorganisationen,
daß sie Wege finden, die Schuldenlast der Armen zu
erleichtern.
Wir bitten dich für die Reichen, daß sie auch reich werden
an Menschlichkeit, Nächstenliebe und Gerechtigkeit.

Amen

Aufbruch

Gott Abrahams, Isaaks und Jakobs,
Gott, der du Mose berufen hast!
Wir sind das Holz, du bist das Feuer.
Wir sind der dornige Busch, du bist der Lichtglanz,
der in ihm aufleuchtet.
Wir sind dem Alltäglichen zugewandt,
unserer Arbeit, unseren Aufgaben und Sorgen.
Wir wiederholen uns von Tag zu Tag,
drehen uns zuweilen im Kreis.
Du aber bist der Werdende,
du schaffst Neues.
Wo du erscheinst, tut sich neuer Raum zum Leben auf,
heiliges Land,
und wir können die alten Schuhe ablegen,
die ausgetretenen Pfade verlassen,
neue Wege gehen.
Aus unseren Träumen machst du Taten.
Aus unseren Ängsten läßt du neue Kräfte wachsen.
Selbst unsere Schuld wandelst du und reinigst sie,
kannst Gutes daraus entstehen lassen.
Mose holst du weg von seiner Herde,
und Amos.
Und Franziskus vom Ladentisch.
Tappen wir im Dunkeln,
komm du zu uns mit dem Glanz deines Lichtes
und mit der Kraft deines Feuers.

Amen

AUFERSTEHUNG

Gott der Hoffnung!
Du bist ein Gott der Lebenden und nicht der Toten.
Deiner schöpferischen Kraft verdankt sich alles, was da ist.
Wir bitten dich, daß wir deswegen dir vertrauen lernen
im Leben und auch angesichts des Todes,
unser Dasein dankbar von dir annehmen,
unsere Zukunft dir anvertrauen.
Du hast deinen Sohn Jesus Christus zu dem großen Zeichen
der Hoffnung gemacht.
Das Licht seiner Auferstehung gibt allem Licht, was
geschieht.
Aus dieser großen Hoffnung heraus können wir unser
alltägliches Leben anders sehen,
können es annehmen als einen Weg, wo wir von Tag zu Tag
deine Gnade erfahren,
wo uns auch der Tod nicht trennen kann von deiner Liebe.
Wir bitten dich für die Menschen, die sich auf den Abschied
aus diesem Leben vorbereiten, daß sie gestärkt werden
durch ein festes Vertrauen zu dir.
Wir bitten dich für die Trauernden,
daß sie die Menschen, um die sie trauern,
bei dir geborgen wissen können.
Erfülle uns mit Freude an unserer Arbeit,
an all dem irdischen Tun, das zu unsrem Leben gehört,
weil es nicht dem Tod in die Hand fällt,
sondern deiner guten Schöpfung dient.

Amen

AUFGABE

Unser Gott!
Kein Mensch ist leer ausgegangen,
keiner existiert ohne deine Gnade.
Von dir kommen vielerlei Gaben und Fähigkeiten,
vielerlei Geschick und Können, Bedeutung und Wert.
Und nun bitten wir dich,
daß jeder gut damit umgehen kann,
deine Gaben nutzen und fruchtbar machen
für sich selbst und für die Gemeinschaft.

Wir bitten dich für die Menschen,
die kleinmütig geworden sind, eingeschüchtert,
die sich selbst nichts mehr zutrauen,
daß sie merken: auch ich habe Gaben bekommen,
auch ich kann etwas beitragen und werde gebraucht.
Behüte uns davor, daß wir danach trachten,
einander zu übertrumpfen, auszustechen und in den
Schatten zu stellen,
und auf diese Weise Mutlosigkeit verbreiten,
anderen Menschen das Gefühl geben:
ich bin für nichts gut.
Die einen sind tüchtig und stark,
und die andern nur Ballast.

Wir bitten dich für die Menschen,
die ihre Gaben verkümmern lassen,
die sich aufgegeben haben
und sich für gescheiterte Existenzen halten,
vielleicht sogar darauf hinarbeiten, sich selbst zu zerstören.
Laß sie einen neuen Anfang finden,
sich besinnen auf ihre Stärken,
gib ihnen Mut, sie hervorzusuchen unter all dem Schutt,
der sich ansammeln kann,
gib ihnen Geduld, wieder etwas damit anzufangen,
sie zu entwickeln und zu pflegen.
Stelle ihnen Mitmenschen an die Seite,
die ihnen dabei an die Hand gehen und sie begleiten und
stützen.

Verleihe uns den festen Glauben,
daß jeder Mensch Gaben und Aufgaben bekommen
hat von dir,
daß jeder für etwas gut ist und bedeutend.
Behüte uns davor, deine Gaben zu zensieren und zu
bewerten,
sie einzuteilen in hochwertig und minderwertig,
wichtig und unwichtig, ehrenvoll und gering.
In jeder Gabe steckt deine Gnade.
Laß uns ihre guten Haushalter sein.   Amen

BARMHERZIGKEIT

Barmherziger Gott!
Für vieles brauchen wir unser Herz nicht.
Täglich gehen wir mit Maschinen um, mit Geräten,
mit Apparaten und Instrumenten, mit Technik.
Dazu brauchen wir keine Herzlichkeit,
sondern Sachverstand, Wissen und Geschick.
Steh uns bei, daß wir in dieser Welt der Apparate
und der Sachlichkeit die Sprache des Herzens,
Empfindungen und Einfühlung nicht verlernen und
verlieren.
Sachverstand, Kompetenz und Durchsetzungsvermögen
sind nicht alles, was wir nötig haben, um menschlich zu leben.
Wir bewundern große Leistungen, wir sind fasziniert
von den Opfern, deren wir Menschen um großer Ziele
und Erfolge willen fähig sind.
Aber was wäre eine Welt ohne Barmherzigkeit und
Mitgefühl?
Was würde aus uns Menschen, wenn wir nicht mehr
barmherzig,
verständnisvoll, großzügig und tolerant miteinander
umgehen könnten?
Jesus Christus hat uns vorgelebt, was es heißt,
an dich, den barmherzigen Gott zu glauben.
Führe uns durch sein Beispiel und Vorbild
auf diesen guten Weg.
Jeden Tag können wir neu damit anfangen.   Amen

BEHARRLICHKEIT

Gott, unser Vater!
Gib uns einen festen Glauben und starke Zuversicht,
daß wir wie die Witwe im Gleichnis beharrlich auf dich
hoffen und in allen Schwierigkeiten und Sorgen durch deine
Hilfe standhalten können.
Wenn wir stur sind, hartherzig wie ihr Richter,
mache unser Herz weich und empfindsam
durch die Liebe, die von dir kommt
und durch deinen Geist in unseren Herzen wohnen kann.
Bewahre uns davor, daß wir kalte und gefühllose Menschen
werden.
Deine Liebe ist stärker als aller Stolz und alle Macht der Welt.
Sie wird gewinnen.
Sie allein erhält das Leben und macht es heil.
Laß uns dich nicht vergessen,
sondern jeden Tag mit dir sprechen und zu dir beten.
Sonst kann dein Wort nicht zu uns kommen
und uns bewegen.   Amen

BEKEHRUNG

Dreieiniger Gott!
Schöpfer des Lebens, erleuchte uns mit deiner Weisheit.
Jesus Christus, begegne uns mit deiner Liebe.
Heiliger Geist, befreie uns von den Mächten, die uns in
Beschlag nehmen,
und den Göttern der Zeit, die uns unterwerfen wollen.
Wir können uns nicht bekehren von uns aus.
Wir laufen unsere Wege nach unseren Zielen und
Vorstellungen.
Schwer zerbrechen sie, aber es gibt keinen Weg,
auf dem du uns nicht begegnen kannst.
Kein Mensch hat sich so weit entfernt,
daß er nicht erreichbar wäre für deine Liebe.
Gib uns Respekt vor dem Geheimnis des Weges,
den du mit jedem Menschen gehst,
um ihn ans Ziel zu bringen nach deinem Willen.   Amen

Das Böse

Barmherziger Gott!
Wir erfahren und erkennen viel Übel in der Welt,
viel Unglück und Elend unter uns Menschen.
Vieles davon haben wir uns selbst zuzuschreiben:
Wie leicht denken wir: "Es sind die anderen!
Die anderen sind daran schuld und dafür verantwortlich!"
Wie einfach sieht dann alles aus,
wenn wir uns selbst zum guten Weizen rechnen,
und andere auf die Seite des schlechten Unkrauts zählen.
Wie nahe liegt es dann, daß wir uns zutrauen,
das Unkraut des Bösen auszurotten und eine vollkommene
Welt zu schaffen. Wie leicht kann es uns passieren,
daß wir auf diese Art selbst böse und gewalttätig werden,
befangen und geblendet von dem Wahn eigener
Gerechtigkeit!
Unser Denken und Empfinden wird kalt und hart
und im Handumdrehen auch unser Handeln.
Wir werden blind und unempfindlich dafür, daß wir das
Wichtigste verloren haben: Die Liebe.
Behüte uns davor, daß wir uns deiner Barmherzigkeit in den
Weg stellen. Sie allein kann zum Guten führen und befreien.
Befreie uns durch sie, daß wir ehrlich sind mit uns selbst,
daß wir das Böse, Schatten und Finsternis auch in uns selbst
wahrnehmen können, und einsehen, daß auch wir selbst
ein Feld sind, auf dem Weizen und Unkraut
untereinander wachsen und gedeihen.
Bewahre uns vor dem Irrtum, daß durch Böses anderes
Böses aufgehoben und gut gemacht werden könne.
Beflügle unsere Gedanken durch deinen Geist und unsere
Fantasie durch deine Eingebung, daß wir die Chancen des
Guten entdecken, die aufbauenden Möglichkeiten, die in
einem Menschen vorhanden oder in einer Situation angelegt
sind.
Laß uns die Wege des Guten suchen und finden,
Wege der Vergebung, der Gerechtigkeit, des Vertrauens,
der Stärkung und Ermutigung,
und so das Böse mit Gutem überwinden,
wie unser Herr Jesus Christus es getan hat.   Amen

Das Böse

Gütiger Gott,
wir mühen und plagen uns ab mit den Fragen, die das
Leben uns stellt,
mit den Übeln, die wir in der Welt sehen,
dem Leid, dem Bösen, der Schuld, den Untaten und
Grausamkeiten.
Jede Zeit kann davon erzählen,
mehr als genug auch unsere eigene Zeit.
Wir können uns vieles nicht erklären,
vieles übersteigt unseren Verstand und unser
Vorstellungsvermögen.
Oft scheitern wir, wenn wir einen Sinn darin suchen
oder gar irgendeine Art von Gerechtigkeit darin entdecken
wollen.
Wir können das Übel und das Böse in der Welt nicht
vermeiden und auch nicht aus der Welt schaffen
mit ein bißchen gutem Willen.
Wir können es nicht schönreden,
aber doch entdecken wir manchmal,
daß auch die Übel einen Sinn finden,
Sinn bekommen durch eine Stärke, die sich ihnen in den Weg
zu stellen wußte
und die Weichen in eine andere Richtung stellte.
Vielleicht waren manche Übel, war manches Böse auch
nötig, um einem Leben eine andere Wendung zu geben.
Du allein weißt es.
Schwach ist unser Verstand in diesen Dingen,
gering unsere Klugheit und Weitsicht.
Du brauchst Menschen, die sich alle Dinge zum Besten
dienen lassen.
Gib uns diese Stärke.
Laß sie herauswachsen aus dem festen Glauben an deine
Güte,
aus dem Vertrauen,
daß deine Güte sich auch den Übeln und dem Bösen
gewachsen zeigen wird.

Amen

DEMUT

Gott, unser Schöpfer!
Dich um Demut zu bitten, kommt uns wenig in den Sinn.
Es widerstrebt uns, denn wir haben eine hohe Meinung von
unserer Macht.
Wir gestalten die Welt nach unserem Sinn und nach unseren
Vorstellungen, nach unseren Interessen.
Wir planen, stellen her, unterwerfen uns die Dinge,
versklaven viele Tiere und behandeln sie als Ware,
wir beherrschen, was du geschaffen hast.
Was kann uns daran hindern, über das Ziel
hinauszuschießen?
Was kann uns davon abhalten, die Ordnungen des Lebens zu
beschädigen und alles aus den Fugen zu bringen?
Dein Wort erinnert uns daran,
daß wir selber nicht Götter sind, sondern Geschöpfe,
daß wir von der Erde genommen sind.
Es weist uns an, demütig ihr zuzugehören,
liebevoll mit ihr umzugehen,
Grenzen zu achten, Zusammenhänge zu respektieren und
zu pflegen, nicht maßlos zu herrschen.
Für uns ist es gut, nach deiner Weisheit zu fragen
in Respekt und Ehrfurcht vor dem Leben,
das aus deiner Hand hervorgeht zu allen Zeiten.
Um diese Demut bitten wir dich, deinem Wort, deiner
Weisheit, die in den Ordnungen
der Schöpfung und in den Gesetzen des Lebens sich zeigt,
mit Achtung und Behutsamkeit zu begegnen,
die Folgen unseres Forschens und Tuns zu bedenken,
nicht nur für uns selbst, sondern auch für die Generationen,
die nach uns leben sollen,
und für alles andere Leben, mit dem wir verflochten sind,
sind Werke der Demut, die wir nötig haben und für die wir
dich um den rechten Geist bitten.
Behüte uns vor einer Wissenschaft,
die nur auf Macht, Geld und Ruhm aus ist
und sich über die Verantwortung
für deine Schöpfung
hochmütig und kurzsichtig hinwegsetzt.   Amen

EINHEIT

Dreieiniger Gott!
Mit vielen Namen nennen wir Menschen dich und rufen
dich an
in vielen Sprachen und Kulturen, zu vielen Zeiten und an
vielerlei Orten.
Du bist der Vater, der Schöpfer, der Grund alles Seins und
die Quelle jeglichen Lebens.
In dir gehört alles zusammen.
In dir hat die unermeßliche Vielfältigkeit des Lebens ihren
Ursprung
und ihre Einheit.
Wir bitten dich, daß wir durch den Glauben an dich
Gemeinschaft finden miteinander.
Befreie uns, öffne unsere Herzen zur Gemeinschaft,
weite unsere Gedanken.
Führe uns heraus aus der Enge,
in der wir uns gegeneinander abkapseln
und uns verschanzen hinter Mauern aus Dogmen und
Gewohnheiten.
Hinter solchen Mauern erstickt der Glaube und
verkümmert die Liebe.
Wir bitten dich:

Gemeinde: "Bleib mit deiner Gnade bei uns" (EG 787.8)

Jesus Christus,
du bist das Haupt der ganzen Christenheit.
Alle, die an dich glauben, bilden deinen Leib.
Du hast darum gebeten, daß deine Jünger in Einigkeit
miteinander leben sollen,
nicht nach der Art, wie wir Einigkeiten zustandebringen,
organisieren oder gar anordnen,
sondern nach der Art, wie du selbst einig bist mit Gott,
in Gemeinschaft der Liebe.
Wir bitten dich: führe auch uns auf diesem Weg weiter zum
Ziel der Einheit.

Gemeinde: "Bleib mit deiner Gnade bei uns" (EG 787.8)

Heiliger Geist,
Du bist das Band der Einigkeit, das Band des Friedens.
Verknüpfe du uns, bring uns einander näher und versöhne
uns.
Durch die Demut bewahre uns davor,
uns gegenseitig überlegen sein zu wollen.
Durch die Sanftmut halte uns davon ab,
uns gegenseitig mit Vorwürfen und Besserwisserei zu
attackieren.
Durch die Geduld laß uns einander Zeit schenken,
damit wir Schritt für Schritt
auf dem Weg zur Einheit vorankommen.
Durch die Kraft der Liebe behüte uns vor Erschlaffen,
daß wir uns nicht selbstzufrieden zur Ruhe setzen
und keine Schritte weitergehen wollen auf dem guten Weg
des Friedens. Erhalte uns auf diesem Weg und in der
beständigen Freiheit zur Erneuerung deiner Kirche.
Wir bitten dich:

Gemeinde: "Bleib mit deiner Gnade bei uns" (EG 787.8)

EINSAMKEIT

Unser Gott,
keinem Menschen bleibt die Erfahrung der Einsamkeit
erspart.
Jeder muß sein eigenes Leben führen.
Für jeden gibt es Leid, das er ganz alleine tragen,
Wege, die er ganz alleine gehen muß.
Gib uns dazu die Stärke
und gerade auch für solche Zeiten des Lebens das Gebet,
die Zwiesprache mit dir und darin Linderung unserer
Einsamkeit.
Laß uns Heimat in uns selbst finden
und die Wohltat der Einsamkeit erkennen,
auch einmal ganz bei sich selbst zu sein.
Wir bitten dich für die Menschen, denen Einsamkeit weh tut.
Mache uns bereit, einander menschliche Gemeinschaft zu
schenken.   Amen

Engel

Unser Gott,
ohne Zahl sind deine guten Mächte,
durch die du uns nahe kommst,
uns begleitest und beschützt und zu uns sprichst.
Wir bitten dich, daß unsere Augen nicht verstellt sind
durch die Bilder, die wir uns gemacht haben von deinen
Boten;
daß sie uns die Sicht nicht verbauen,
für die Gestalt, in der uns deine Engel begegnen.
Wir bitten dich,
daß unsere Ohren nicht verschlossen sind für ihr Sagen.
Werden deine Boten uns aufnahmebereit finden,
still genug, gesammelt,
erwartungsvoll,
oder zerstreut, betäubt und geblendet
von den tausend Ablenkungen des lauten Lebens?
Dein Gruß gilt dem Niedrigen.
Dem Unscheinbaren, dem nichts zugetraut wird,
wendest du dich zu.
Du weckst die Kraft des Geschehenlassens,
den Sinn für das Leise,
das im Verborgenen Gestalt gewinnt und wird.
Du sprichst zu dem, der antworten kann:
"Mir geschehe, wie du gesagt hast."
Du sprichst zu denen,
die sich deinem Frieden nicht eigenmächtig und
selbstherrlich in den Weg stellen,
sondern deinen Geist an sich wirken lassen.

Amen

ENGEL

Unser Gott,
wo das Leben an unseren Kräften zehrt,
vielleicht sogar sie aufgezehrt hat bis zum letzten Rest,
wo die Boten Unheil androhen
und bevorstehenden Untergang ankündigen,
wo wir vertrieben sind aus dem Leben,
in die Wüste geraten und ins Leere laufen,
in die Fangarme der Verzweiflung
und suchen den Schatten des Todes,
da sende auch uns deinen stärkenden Engel,
den Vertrauten deiner helfenden Hand,
eingewoben in die kleinen Alltäglichkeiten,
die nach nichts aussehen
und doch Träger sind des Trostes und ermutigender Kraft:
Brot, ein Krug mit Wasser,
ein Schatten spendender Wacholder
und Schlaf.
Sende deinen Engel, der die Dinge in Bewegung bringt,
der aufrührt, was ruht und unbeweglich erscheint
und in uns befreit die heilsamen Kräfte der Hoffnung.
Sende deinen Engel, der die Ketten sprengt,
die uns gefangen halten,
und die Fesseln abfallen, verschlossene Türen sich öffnen
läßt,
Darniederliegende aufstehen und Schritte tun heißt
in eine verloren geglaubte Freiheit.
Sende zu uns deine Engel.
Kräftige, heile und befreie uns.

Amen

Epiphanias (Erscheinungsfest)

Gütiger Gott,
wir preisen das Licht des Lebens. Es kommt von dir.
Wir sehen seine Herrlichkeit in Jesus Christus
aufleuchten,
schön wie das Morgenlicht, wenn der Tag beginnt,
wenn der Horizont hell wird
und der Glanz sich ausbreitet am Himmel.
Wo Leben ans Licht kommt,
wo Leben sichtbar wird, da erscheinst du selbst.
Freude rufst du hervor,
die wir spüren in unseren Herzen.
Du bringst unsere Gedanken zum Wandern,
ohne daß sie je an ein Ende kommen.
Du bringst unser Leben in Bewegung,
öffnest die Gefängnisse der Vorurteile, der Klischees,
bringst uns heraus aus den eingefahrenen Geleisen,
bringst das Eis zum Schmelzen, zu dem
unsere Gefühle und Gedanken manchmal erstarrt sind.
Du läßt uns die Tiefe deines Geheimnisses erahnen,
die Unergründlichkeit deines Wesens und Seins,
die Unerschöpflichkeit deiner Macht
und die Nähe und Weite deiner Liebe.
Die ganze Welt bekommt durch dich ein anderes Gesicht.
So bist du unser Licht und Heil,
eine Hilfe gegen alle Angst und Dunkelheit,
die uns bedrängt, lähmt und einengt.
Wir freuen uns, indem wir dir dienen,
die Gaben und Kräfte darbringen, die wir von dir
bekommen haben.
Du bist der Gott, das Licht aller Menschen.
Dein Stern, der Glanz deiner Güte, bringt uns alle
zusammen.
Laß dieses Licht auch in unseren Herzen aufgehen
und die Nacht des Hasses, die finsteren, feindseligen
Gedanken, die dunklen Ängste und Vorurteile gegen fremde
Menschen vertreiben.

Amen

EPIPHANIAS (ERSCHEINUNGSFEST)

Unser Gott,
der du den Erdkreis geschaffen hast,
der du den ganzen Kosmos ins Dasein gerufen hast,
allem Bestand und Ordnung gegeben,
allem die Freude und den Schwung des Lebens verliehen,
Freude dem Himmel, Fröhlichkeit der Erde,
Fülle an Leben den Ozeanen,
Aufstreben und Wachsen allen Pflanzen,
Vielfalt und Gestaltungskraft uns Menschen
in vielen Völkern und Kulturen,
in allen Stufen des Lebens.
Kinder, Jugendliche, Erwachsene, alte Menschen –,
alle rufst du, sich auf den Weg zu machen
und teilzunehmen an deinem Heil.
Sende die Strahlen deiner Herrlichkeit
auch in unsere Augen,
daß alles Dunkel sich lichtet
und wir den Weg finden, der uns ans Ziel führt.
Stärke alles, was der Gerechtigkeit dient
und sie fördert auf der ganzen Erde.
Leite all unser Erkennen und Denken
durch die Ehrfurcht vor dem, was du geschaffen hast,
und vor allem vor dir selbst,
dem geheimnisvollen Schöpfer und Erhalter des Ganzen.
Gib uns Augen, deine Zeichen und Markierungen zu
erkennen,
durch die du uns leitest und hinführst zu Jesus Christus,
damit wir bei ihm beschenkt werden mit deiner
Gerechtigkeit
und erleuchtet durch deine Wahrheit.

Amen

Epiphanias (Erscheinungsfest)

Lob sei dir, unserem Gott!
Du bist herausgetreten aus der Verborgenheit.
Dein Licht läßt du uns sehen im Erscheinen der Dinge,
die du schaffst,
du offenbarst dich in deinen Werken.
Lob sei dir für die herrliche Schöpfung der Gestirne,
die sich bewegen in gewaltigen Räumen,
in Mengen ohne Zahl.
"Lobet ihn, Sonne und Mond,
lobet ihn, alle leuchtenden Sterne!" (Ps 148,3)
Wir bitten dich:
Erfülle uns mit Freude an deinen wunderbaren Werken,
mit Freude und Staunen über die herrlichen Ordnungen
deiner Schöpfung!

Gemeinde: Gloria in excelsis Deo (EG 572)

Lob sei dir, unserem Gott,
daß du Abraham mit Hoffnung erfüllt hast
durch den Anblick des nächtlichen Himmels.
Du sprachst zu ihm:
"Sieh gen Himmel und zähle die Sterne! Kannst du sie
zählen?" (1. Mose 15,5)
So hast du ihn verwurzelt im Glauben
und hast ihn geführt auf der Spur der Verheißung.
Wir bitten dich:
Laß auch uns etwas sehen und erkennen von der Größe und
Unergründlichkeit deiner Werke
und stärke uns dadurch im Glauben und in der Hoffnung.

Gemeinde: Gloria in excelsis Deo (EG 572)

Lob sei dir, unserem Gott,
daß du dem Propheten Bileam die Augen geöffnet hast
und Erkenntnis gegeben zu verkündigen:
"Es wird ein Stern aus Jakob aufgehen
und ein Zepter aus Israel aufkommen." (4. Mose 24,17)
Wir bitten dich:

32

Laß einen Strahl deiner verborgenen Weisheit auch uns treffen, daß wir deinen Weg erkennen.

Gemeinde: Gloria in excelsis Deo (EG 572)

Lob sei dir, unserem Gott, daß du den Weisen aus dem
Morgenlande deinen Stern hast aufstrahlen lassen,
daß du sie zu dir gerufen hast von den Enden der Erde
und ihre Schätze einbringen lassen in das unvergängliche
Reich deines Sohnes Jesus Christus.
Wir bitten dich:
Laß uns mit unseren Gaben deinem Reich, der Herrschaft
deiner himmelweiten Güte dienen.

Gemeinde: Gloria in excelsis Deo (EG 572)

ERINNERUNG

Unser Gott, Erinnerungen sind wichtig für unser Leben,
die Erinnerungen an unseren persönlichen Lebensweg,
an Menschen, an Erlebnisse, an glückliche und unglückliche
Tage.
Sie begleiten uns und machen uns zu dem, was wir sind.
Sie sind unerschöpfliche Quellen der Freude.
Es gibt aber auch Erinnerungen, die schmerzlich sind,
die uns verletzen und quälen. Hilf uns, ein fruchtbares
Verhältnis zu diesen Erinnerungen zu finden.
Wir bitten dich für die Kinder, daß sie aus ihrer Kindheit
Erinnerungen mitnehmen können, die ihnen Vertrauen
geben und Lebensfreude.
Wir bitten dich für die alten Menschen, daß ihre
Erinnerungen
ihnen ein dankbares Gefühl für ihr Leben schenken.
Laß die Erinnerung an Jesus Christus in uns eine lebendige
Quelle
der Freude, der Hoffnung und der Weisheit sein,
die Gemeinschaft an seinem Tisch eine lebendige Erfahrung
seiner Liebe, eine wirksame Erinnerung des Friedens
mit dem Ursprung unseres Lebens, mit dir.   Amen

FAMILIE

Unser Gott,
wir bitten dich für die Familien, daß ihnen ihr
Zusammenleben gelingt.
Sie sind kein Paradies.
Bewahre uns davor,
daß wir uns falsche Vorstellungen machen
und daß wir daraus Erwartungen schöpfen,
die uns gegenseitig überfordern.
Die andern sind nicht dazu da, mich glücklich zu machen,
wir alle zusammen können versuchen, ein Leben zu führen,
in dem jeder seinen Teil
an Freude und Erfüllung finden kann.

Wenn wir so nahe zusammenleben,
wenn wir von draußen, von der Arbeit, aus der Schule
Probleme und Ärger mitbringen,
dann gib uns dafür offene Ohren, Geduld auch,
und behüte uns davor, daß wir einander damit auf die
Nerven gehen.
Laß jeden seinen Freiraum finden, wo er sich erholen
und Abstand gewinnen kann.
Behüte unsere Zunge vor dem schnellen Wort,
aber gib uns auch Nachsicht und vor allem die Freiheit,
uns zu entschuldigen
und einander zu verzeihen.

Laß es uns gelingen, miteinander zu sprechen.
Laß uns Zeit dafür finden.
Gib uns die Fähigkeit, die Dinge und Ereignisse
auch mit den Augen der anderen zu betrachten.
Gib uns auch Freunde, die sich nicht ungefragt einmischen,
aber gute Gesprächspartner sein können.

Für die Kinder bitten wir dich besonders.
Sie sind meistens die Schwächsten.
Laß für sie ihre Familie ein Ort der Geborgenheit sein,
wo sie sicheres Vertrauen zu ihren Eltern genießen können,
lernen, wie Menschen miteinander umgehen können,

Gerechtigkeit üben und Achtung vor einander bewahren,
streiten können, aber auch sich versöhnen,
Sorgen und Freude miteinander teilen,
Probleme gemeinsam lösen.

Wo das Zusammenleben schwer geworden ist,
vielleicht sogar unmöglich erscheint,
laß uns die Flinte nicht ins Korn werfen,
nicht mit gegenseitigen Schuldzuweisungen noch die
Gräben vertiefen,
uns dadurch noch weiter von einander entfernen
und das Bild des anderen bis zur Unkenntlichkeit entstellen,
sondern uns nicht scheuen, Rat zu suchen
und Wege der Versöhnung.
Auch wenn es oft sehr schwer und schmerzhaft sein kann,
gib uns für solche Wege Mut
und begleite uns mit deinem Segen.　　　Amen

FORTSCHRITT

"Fortschritt" – unser Gott –, ist eines von den Dingen,
die uns Kopfzerbrechen machen. Du hast uns geschaffen
als deine Ebenbilder, ausgestattet mit schöpferischen
Kräften,
fähig gemacht, die Erde zu beherrschen, die Kräfte
der Natur zu erkennen und sie uns untertan zu machen.
Ja, es fehlt nicht viel, daß wir die Verantwortung vor dir
über Bord werfen und uns selbst als die unumschränkten
Herren
im Haus der Schöpfung verstehen, sein wollen wie du selbst,
unsere Werke titanisch und die Katastrophen auch,
unsere Türme ragend bis in den Himmel, bis sie uns
über den Kopf wachsen.
Gib uns Verstand und Besonnenheit,
daß wir unsere Mühe auf das richten, was hilfreich ist,
und nicht die Kräfte der Zerstörung vergrößern.
Bewahre uns durch deinen Geist der Liebe davor, geblendet
vom Glanz großer Fortschritte, das Elend der Armen zu
vergessen.　　　Amen

FREIHEIT

Unser Gott,
wir danken dir, daß du uns durch Christus befreit hast.
Wir danken dir für die Taufe als das heilige Zeichen
dieser Freiheit.
Wir danken dir für dein Wort, für das Evangelium,
das die Freiheit zum Leuchten bringt und dazu ermutigt.
Wir bitten dich um deinen Geist, daß er uns
von Tag zu Tag auf dem Weg der Freiheit führt.
Wir bitten dich, daß wir nicht nur als Einzelne, sondern
miteinander als Gemeinde in deiner Freiheit leben können.
Macht befreit uns nicht, und schon gar nicht
Rücksichtslosigkeit.
Skrupellosigkeit und Gleichgültigkeit machen uns nicht frei.
Geld und Besitz befreien nicht wirklich.
Sie führen dazu, daß wir uns am Gängelband führen lassen
und uns die Zwangsjacken der Zeit verpassen lassen.
Schenke uns die Freiheit, die von Jesus Christus herkommt.
Er hat nicht mit sich selbst gegeizt, sondern seine Liebe
und seine Kräfte anderen zugewendet.
Er war frei von Gesetzlichkeit. Menschen war ihm wichtiger
als Paragraphen. Praktische Nächstenliebe zählt mehr
als Ansehen zu erwerben und vor anderen gut dazustehen.
Und vor allem kannte er die befreiende Kraft der Liebe,
der Liebe, die du uns schenkst, der Liebe, mit der wir
dir antworten können, der Liebe, mit der wir uns selbst
annehmen
und die wir unseren Mitmenschen schenken können.
Befreit vom Zwang der Selbstrechtfertigung bitten wir
um Glauben, damit wir in der Freiheit der Kinder Gottes
leben.
Wir bitten um die Freiheit des Samariters, der seinen Weg
unterbrechen konnte, um einem Notleidenden zu helfen.
Wir bitten dich um die Freiheit des Sohnes zu Aufbruch
und Umkehr, um die Freiheit des Vaters, den Gescheiterten
mit Freude aufzunehmen, um die Freiheit der Maria für
das Eine, was nottut, dein Wort zu hören.
Wir bitten dich, daß wir als Gemeinde nicht aus Angst
und Engherzigkeit die Freiheit Christi verlieren.   Amen

FREUDE

Unser Gott,
es gibt Zeiten, wo es uns gut geht,
wo wir zufrieden sind, glücklich leben
und uns freuen an unserem Dasein.
Und es gibt Zeiten, wo wir Leid und Kummer ertragen
müssen, Sorgen und Probleme zu bestehen haben.
Laß uns in solchen schweren Zeiten die Hoffnung nicht
verlieren
und den Mut nicht sinken,
sondern darauf vertrauen, daß du uns heraushilfst.
Dann werden wir zurückdenken
an die bitteren Tage und Stunden,
und es wird uns vorkommen, als ob wir träumten.
Dann werden wir etwas sagen und erzählen können,
wie uns geholfen wurde.
Dann wird es sein wie bei einem Bach, der ausgetrocknet war
in der regenlosen Hitze des Sommers, und jetzt strömt
wieder das lebendige, frische Wasser.
Dann wird es sein, wie wenn die Zeit der Ernte da ist,
mit Freude eingebracht ist,
was sich entwickeln und reifen konnte.
Vorbei ist die Zeit des Bangens, die Zeit der Mühe,
der Entsagung und des Verlierens,
die Zeit der Trauer und der Tränen.
Du beschenkst uns neu mit Freude.
Du nährst unsere Seele mit dem, woran sie sich freut.
Du schenkst uns täglich solche Augenblicke kleiner
Freuden,
kostbar sind sie.
Laß sie nicht untergehen im Trubel des Tages,
nicht der Vergeßlichkeit zum Opfer fallen.
Du gibst uns in deinem Wort Erinnerungen an Freude,
an gute Erfahrungen,
an Noah, an die Rückkehr der Taube, an den Ölzweig,
wertvolle Zeichen.
Mit ihnen öffnest du immer neu die Quellen der Freude.

Amen

FRIEDE

Dreieiniger Gott, Gott des Friedens!
Deine ganze Schöpfung segnest du mit deinem Frieden.
Voller Gelingen, voller Befriedigung, voller Freude ist sie.
Laß unsere Augen dafür nicht verdunkelt sein
durch all die Beschädigungen
und Übel, welche das Bild verdüstern.
Überall spiegelt sich deine Freude an dem, was du schaffst.
Der Regenbogen leuchtet wie eine Brücke zwischen
Himmel und Erde
als Zeichen deines Friedens in der Schöpfung.
Mit verläßlichen Ordnungen trägst du alles
und stärkst die Ruhe und das beständige Fließen des
Lebendigen.
Wir bitten dich, daß jeder von uns sein eigenes Dasein in
Frieden genießen kann
und sich selbst verstehen und annehmen als dein
Geschöpf,
das existiert durch dich "samt allen Kreaturen".
Wir sind alle deine Gäste im großen Haus des Lebens,
gesegnet mit deinem Frieden, behütet und erhalten.
Wir bitten dich:

Gemeinde: "Er lasse seinen Frieden ruhn" (EG 322,6)

Jesus Christus!
In dir ist das Friedensreich Gottes zu uns Menschen
gekommen.
Wir wissen von uns aus den Weg des Friedens nicht.
Eingesponnen in unser eigenes Ich,
beherrscht von unseren Wünschen,
rechthaberisch in unseren Gedanken und Überzeugungen
geraten wir unablässig in Streit und Unfrieden.
Richte unsere Füße auf den Weg des Friedens.
Wo wir friedliches Leben genießen können,
leuchtet Gottes Gesicht über uns
und sein Licht geht uns auf,
da erfahren wir am eigenen Leib und in unserer eigenen
Seele, was Gnade ist.

Die Kraft der Vergebung macht Schluß mit allen
Vorwürfen und Aufrechnungen,
die unser Zusammenleben vergiften,
und schafft Raum für neues Leben im Frieden.
Da wird uns leicht ums Herz
und unser Leben wird schön.
Wir bitten dich:

Gemeinde: "Er gebe uns ein fröhlich Herz" (EG 322,5)

Heiliger Geist!
Du läßt dich nicht einzwängen in Fronten,
du läßt dich nicht in ein Schema pressen.
Du befreist uns, daß wir nicht nur an unseren persönlichen
Erfahrungen hängenbleiben müssen, die uns oft den Weg
zum Frieden versperren.
Du hältst unseren Geist in Kontakt mit dem Frieden
Gottes.
Du erinnerst uns an Jesus Christus, lehrst uns die Sprache
des Friedens durch das Evangelium,
erleuchtest uns und bringst uns in friedliche Gemeinschaft.
Erhebe dein Angesicht auf uns,
wende uns deine Wahrheit zu,
gib uns Frieden!
So bitten wir:

Gemeinde: "Er lasse seine Lieb und Güt" (EG 322,7)

FRIEDE

Gütiger Gott,
wir bitten dich um den Frieden des Abschiednehmens,
um den Frieden, der uns hilft, eine Stufe weiter zu gehen
auf unserem Weg, um den Frieden, der die Frucht
erfüllter Zeit ist.
Wir bitten dich um diesen Frieden überall dort, wo wir
Abschied nehmen müssen, vor allem am Ende unseres
Daseins.   Amen

FRIEDE

Jesus Christus,
dein Wort, dein Evangelium lädt uns ein zum Frieden,
ermutigt uns, heute als deine Jünger dem Frieden zu dienen,
für ihn etwas zu tun,
mit unseren Kräften und Möglichkeiten als einzelne und
gemeinsam
etwas beizutragen, daß friedliches Leben auf dieser Erde
stattfindet.
Gib uns dazu die Hoffnung auf Gottes zukünftige Welt,
auf sein Reich,
die auch dich selbst beflügelt und bewegt hat,
damit wir uns nicht am gegenwärtigen Zustand der Welt
orientieren
und uns nicht nach dem richten, wie die Welt aussieht.
Behüte uns durch diese Hoffnung davor, daß wir uns
blenden lassen
von den Gewinnen und Vorteilen derer,
die über Leichen gehen,
und von der Macht der Rücksichtslosen,
sondern klar erkennen, daß dieser Weg
nicht zum Leben führt.
Wir bitten dich:

Gemeinde: "Herr, gib uns deinen Frieden" (EG 436.
Einstimmig)

Unser Gott,
mit Krieg und Gewalt wird viel Geld verdient.
Die Produktion von Waffen und der Handel mit ihnen
bringt eine Menge Geld ein.
Laß uns nicht vergessen,
daß an diesem Geld viel Blut klebt.
Man sieht es nicht,
und gerade dies ist das Gefährliche.
Das Elend, die Schmerzen, die Verstümmelungen,
das Sterben,
all die Angst und das Leid –,
es gibt keine Bank, die darüber Konten führt.

Schärfe die Gewissen des ganzen Volkes,
aber besonders der Verantwortlichen in der Politik und in
der Wirtschaft,
diesem Treiben Einhalt zu gebieten
und sich nicht hinauszureden, was sonst andere tun,
um des Geldes und des Profits willen alles Elend von
Menschen zu ignorieren.
Es gibt mehr als genug Aufgaben und Möglichkeiten zu tun,
was Menschen nützt und hilft.
Stärke uns dazu, mach uns selbstbewußt und
verantwortungsbewußt genug,
dem den Vorrang einzuräumen.
Wir bitten dich:

Gemeinde: "Herr, gib uns deinen Frieden" (EG 436.
Einstimmig)

Unser Gott,
der Krieg beginnt nicht in dem Augenblick,
wo der erste Schuß fällt.
Lange vorher setzt er ein, nimmt von uns Besitz
und mobilisiert uns für seine Zwecke.
Deswegen bitten wir dich um Aufmerksamkeit und ein
feines Gespür dafür,
wo er sich in unser Denken und in unser Gefühl einnistet,
wo wir bereit werden zur Gewalt,
wo wir unser Herz an Ideologien verkaufen,
wo wir nicht mehr mit einander sprechen, sondern
Konflikte mit Gewalt lösen wollen,
wo wir uns Feindbilder machen und nicht mehr bereit und
offen sind,
im anderen den Mitmenschen zu sehen.
Wir bitten dich als deine Kirche, dein Volk,
uns nicht als Fremde und Ferne gegenüberzustehen,
sondern alle zusammen
als dein Tempel, deine Behausung
im Geist der Liebe zu dienen.

Gemeinde: "Herr, gib uns deinen Frieden" (EG 436. Als
Kanon)

GEHORSAM

Jesus Christus,
wir preisen dich in der Gemeinschaft der Glaubenden
als den Wegbereiter des Lebens.
Du bist gesandt von Gott,
erschienen inmitten der Menschheit
in der Gestalt eines Menschen
und hast all das angenommen, was zu unserem Menschsein
gehört, auch die dunklen Seiten des Lebens bis hin zum Tod.
Du hast nicht nach einem glanzvollen Weg für dich gesucht,
sondern hast dich hingewendet zu den Menschen,
die dem Leiden ausgeliefert waren,
der Angst, der Einsamkeit, der Schuld.
Für sie bist du der Wegbereiter des Lebens,
der Grund großer Hoffnung geworden.
Auch wir stimmen heute in dein Lob ein und preisen deinen
Namen, zusammen mit vielen Menschen, die heute in aller
Welt deine Gemeinde sind,
zusammen mit allen guten Mächten Gottes,
allen seinen Engeln und Boten seiner Liebe und Wahrheit,
zusammen mit all den Menschen,
die bereits am Ziel ihres Weges angekommen
und nun im Frieden Gottes zu Hause sind.
Wir bitten dich für uns alle um die Kraft zum Leben,
die du auf deinem Weg gezeigt hast,
um deine Art von Gehorsam:
Nicht Befehle ausführen, sondern das Leben annehmen mit
seiner Niedrigkeit.
Gib uns die Stärke, falschen Träumen und Illusionen den
Abschied zu geben.
Gib uns die Kraft, Schmerz und Leid, Verlust und Abschied,
Schwäche, Schuld und Ohnmacht anzunehmen,
wie du selbst es getan hast, gesinnt zu sein wie du.
Du eröffnest den Weg, auf dem wir versöhnt werden mit uns
selbst, um aufgerichtet in unser Leben zu gehen,
wie es uns beschieden ist,
bis auch wir im Frieden Gottes zu Hause sein werden.

Amen

GEMEINDE

Guter Gott!
Gib uns Freude an der Vielfalt deines Volkes,
an der Vielfalt und Verschiedenheit der Menschen,
die du in deiner Liebe sammelst,
an den Kindern, an ihrer Lebendigkeit, ihrer Neugier,
ihrer Sehnsucht nach Geborgenheit, ihrem Vertrauen, ihrer
Zärtlichkeit. Freude an den Menschen, die mitten im Leben
stehen: An ihren Kräften und Erfahrungen, ihrer
Kompetenz, ihrer Beharrlichkeit und Ausdauer.
Freude an den alten Menschen,
an ihren Erfahrungen, ihrer Gelassenheit, ihrem Humor,
ihrem Überblick, ihren Erinnerungen.
Laßt uns Gott dafür loben!

Gemeinde: "Laudate omnes gentes" (EG 787.1)

Gib uns Freude an der Vielfalt deines Volkes,
an den Christen in anderen Ländern und Kontinenten,
an ihrer Art, den Glauben zu leben,
an ihrer Fröhlichkeit und an ihrem Ernst,
an ihrer Art, das Evangelium in ihr Dasein und in ihre
Kultur aufzunehmen, an dem Netz der Gemeinschaft,
das deine Liebe um die ganze Erde spannt.
Laßt uns Gott dafür loben!

Gemeinde: "Laudate omnes gentes" (EG 787.1)

Gib uns Freude an der Vielfalt deines Volkes,
an der Vielfalt der Konfessionen und Bewegungen.
Befreie uns von dem Zwang, über einander zu urteilen.
Befreie uns vom Konkurrenzdenken untereinander
und öffne uns die Augen für die vielfältigen Wirkungen
und Wege deines Evangeliums.
Laß uns begreifen, daß wir alle Glieder sind am Leib deines
Sohnes Jesus Christus.
Laßt uns darum Gott bitten und ihn loben!

Gemeinde: "Laudate omnes gentes" (EG 787.1)

GLAUBEN

Unser Gott,
stärke unseren Glauben! Erhalte ihn lebendig!
Es ist schön, wenn wir entdecken, daß du da bist.
Wir können dich nicht direkt wahrnehmen,
aber wir können etwas von dir merken in deinen Werken.
Du zeigst deine Hoheit am Himmel.
Vielleicht, wenn wir uns ein wenig Zeit nehmen
und in der Nacht hinaufschauen an den Himmel
und die zahllosen Sterne sehen,
die Planeten und all die leuchtenden Sonnen,
und ein wenig erahnen,
wie ungeheuer weit und groß die Räume des Lebens sind,
die von dir ausgehen.
Und wenn wir dann unseren Blick auf das Leben hier auf
dieser Erde richten, wie es sich immer wieder erneuert,
wie Kinder geboren werden, das Wunder unseres eigenen
Körpers, unsere Sinne, alle Organe –, in dem allem können
wir deine Macht und Weisheit finden.
Hin- und hergerissen sind wir:
Einmal merken wir, wie klein wir sind,
wie unbedeutend in der unfaßbar großen Schöpfung,
dann wieder geht uns auf, welchen hohen Rang wir
einnehmen unter all den Lebewesen, die es gibt,
welche wichtige Rolle wir spielen,
wie groß auch unsere Verantwortung ist
für unsere älteren Mitgeschöpfe, die Tiere.
Ohne Liebe zu ihnen können wir unserer Verantwortung
ihnen gegenüber niemals gerecht werden.
Erfülle uns mit Freude an dem Reichtum des Lebens,
daß wir deine Freude teilen, die du selbst empfindest
an deinen Werken.
Laß uns in dem Reichtum des Lebens dich selbst erkennen,
den großzügigen, wohltätigen Gott,
und dich ehren in der Art, wie wir dem Leben begegnen.
Herr, unser Herrscher, wie herrlich ist dein Name in allen
Landen!

Amen

GLAUBEN

Unser Gott,
wir können nicht durch unsere eigene Vernunft und Kraft zu
dir kommen.
Du kommst uns zuvor
und errichtest durch Jesus Christus das Reich deiner Liebe
und deines Friedens
und läßt es verkündigen durch die Predigt des
Evangeliums.
Niemand schließt du davon aus,
der die Türe öffnet für dein Wort
und sich deiner Liebe anvertraut.
Stärke unseren Glauben. Darum bitten wir dich heute.
Baue ihn durch dein Wort auf einen guten und festen Grund.
Laß uns diesen Grund finden und erkennen in Jesus
Christus und in der Kraft deiner Liebe.
Laß daraus jedem inneren Frieden zuteil werden
und äußeren Frieden daraus hervorwachsen.
Befreie uns durch dein Evangelium davon, daß wir meinen,
wir müßten als Beschuldigte leben,
vor dir und vor einander als Versager und Ungerechte,
als gehetzte und ruhelose Menschen,
die nichts anderes kennen als Leistung und Erfolg
und darauf alles Glück bauen,
als Menschen, die einander richten, beurteilen und
beschuldigen.
Mache uns deiner Vergebung gewiß
und befähige uns, auch einander zu vergeben.
Gib uns durch Jesus Christus Hoffnung
über die Grenzen und Horizonte dieses Daseins hinaus.
Erhalte und erneuere dein Volk und deine Gemeinde überall
auf Erden durch dein lebendiges Wort, durch die Kraft des
Evangeliums.
Führe und erhalte uns alle auf dem Weg deiner Liebe,
der Liebe, mit der du, unser Schöpfer und Erhalter, uns
umgibst, und der Liebe, durch die wir
in guter Gemeinschaft miteinander leben können.

Amen

GLEICHGÜLTIGKEIT

Gott, unser Vater, Gott Abrahams,
Gott, der herausruft aus dem Gewohnten und
Altvertrauten,
der befreit, erneuert, öffnet, was verschlossen ist,
Gott, der uns besucht an unseren vertrauten Plätzen und
Aufenthalten,
wir bitten dich:
Erfülle uns mit der Kraft der Verheißung!
Mache aus uns Menschen, die wie Abraham
das Leben lieben,
an ihm hängen und es festhalten,
es verteidigen und darum ringen.
Suche auch uns auf, wo immer wir uns befinden.
Überlasse uns nicht unserer Resignation,
unserem Mangel an Hoffnung,
aus dem Tatenlosigkeit und Gleichgültigkeit
herauswächst.
Erneuere unsere Freude und Zuversicht,
erweitere die Horizonte.
Eng und klein wird unser Leben durch Gleichgültigkeit,
schrumpft zusammen zu Bildern, die wir Tag für Tag auf den
Bildschirmen sehen,
schrumpft zusammen zu Zahlen und Statistiken, so daß sich
die Menschen mit ihrem Geschick, mit ihren Leiden und
Sorgen darin auflösen,
erstarrt zu Informationen, die kommen und gehen,
wie es die Tage mit sich bringen,
die heute neu und morgen schon alt und überholt und
gleichgültig sind.
Außer einem momentanen Nervenkitzel bleibt nichts.
Ein Abgrund von Gleichgültigkeit tut sich auf,
der alle Menschlichkeit verschlingen kann.
Du willst uns haben als deine Verbündeten in der Fürsorge
für das Leben;
du willst, daß wir ausschauen nach den Stützpunkten und
Möglichkeiten,
die dem Leben helfen und es fördern und weiterbringen.
Bewahre uns vor Gleichgültigkeit, so wie Abraham dem

drohenden Geschehen und Unheil nicht gleichgültig
gegenüberstand und sagte:
"Hauptsache, es trifft nicht mich!"
Bewege uns, daß wir uns so wie er bemühen um das
bedrohte Leben.   Amen

GLÜCK

Unser Gott,
bewahre uns davor, daß wir allzusehr auf das Glück achten
und unsere Gedanken darum kreisen lassen,
ob wir glücklich sind.
Es ist wie ein scheuer Vogel, der leicht davonfliegt,
wenn man ihn festhalten will.
Schon gar nicht läßt er sich in einen Käfig einsperren.
Aber gib uns ein dankbares Herz,
und wir werden jeden Tag etwas entdecken, was uns erfreut
und glücklich macht.
Gib uns Augenmaß, daß wir das Glück nicht nur
in großen Ereignissen und Erfolgen suchen und finden,
sondern die Augenblicke des Glücks wahrnehmen und
genießen,
die uns jeder Tag anbietet.
Gib uns Leichtigkeit des Herzens,
daß wir nicht an unerfüllten Wünschen hängenbleiben
und mürrisch werden.
Gib uns ein wenig Humor für den Fall, daß etwas schief geht,
damit wir nicht bei jeder Kleinigkeit aus dem Häuschen
kommen.
Gib uns das Glück, eine gute Aufgabe zu haben,
wo wir uns nützlich machen können,
und das Glück guter Freundschaft.
Nicht zuletzt gib uns das Glück des Glaubens,
das Glück der Freude an dir,
ein Gespür für das große Geheimnis des Lebens,
die Freude, daß wir selbst daran teilhaben
und in jedem Moment deine Güte erfahren.

Amen

GÜTE

Gott, unser Schöpfer! Gott des Friedens! Gütiger Gott!
Du verbürgst dich dafür,
du setzt deine Ehre darein, daß du kein Gefallen hast,
wenn das Leben, das aus deiner Hand hervorgegangen ist,
zugrunde geht oder zugrunde gerichtet wird.
Deine Güte reicht, so weit der Himmel ist,
und deine Wahrheit, so weit die Wolken gehen.
Laß sie nicht einfach über uns dahin schweben,
über unsere Köpfe und Herzen hinweg.
Komm uns nahe mit deiner Güte,
erleuchte uns mit deiner Wahrheit.
Verwandle so die Dunkelheit dieser Welt zu dem Licht hin,
das du in Jesus Christus hast aufgehen lassen.

Gemeinde: "Meine Hoffnung und meine Freude" (EG 576)

Güte wird gering geachtet. Was bringt sie?
Ist es nicht viel wichtiger, stark zu sein und sich durchsetzen
zu können?
Güte wird in dieser Welt als Schwäche ausgelegt,
wo sie doch gerade das Gegenteil davon ist.
Es gehört doch Mut dazu, in einer harten Zeit,
in einer erfolgsorientierten, leistungsorientierten
Gesellschaft gütig zu sein.
Güte macht keine Schlagzeilen.
Güte lockt keinen Hund hinter dem Ofen hervor.
Nur das Böse hat eine Chance, Aufmerksamkeit zu
erregen.
Das Böse ist interessant, kitzelt die Nerven, fasziniert.
Aber davon können wir nicht leben.
Deshalb preisen wir dich um deiner Güte willen.

Gemeinde: "Meine Hoffnung und meine Freude" (EG 576)

Du hast die Freiheit geschenkt, daß wir umkehren können,
wenn wir uns auf falschen Wegen bewegen.
Du überläßt uns nicht der Hoffnungslosigkeit,
den Fesseln der Vergangenheit, dem Unabänderlichen.

Es kann keine hoffnungslos verfahrene Lage geben,
wo wir deiner Güte trauen.
Dein Geist bringt Bewegung.
Dein Geist spürt auf, wo sich etwas ändern kann,
wo sich etwas erneuern und heil werden kann.
Verändere uns durch die Kraft deiner Güte und Liebe.
Verwandle so die Dunkelheit dieser Welt zu dem Licht hin,
das du in Jesus Christus hast aufgehen lassen.

Gemeinde: "Meine Hoffnung und meine Freude" (EG 576)

Hass

Unser Gott, befreie uns durch das Licht der Liebe
aus der Finsternis des Hasses. Behüte uns durch dein
Gebot, in diese Dunkelheit hineinzugeraten.
Wir haben es nicht in der Hand, keinen Haß zu empfinden.
Tiefe Verletzungen, abscheuliche Taten rufen in uns
Beleidigung und Haß hervor.
Ihrer brauchen wir uns nicht zu schämen.
Hilf uns aber, daß wir nicht aus dem Haß heraus reagieren,
und daß aus dieser Saat immer wieder neuer Haß wächst.
Wer kann leugnen, daß wir Menschen Taten begehen,
die uns hassenswert machen?
Haß verzerrt unser Bild; Haß macht blind, verschließt
vor allem die Türen, die zu einem andern Leben führen.
Laß uns innerlich zur Ruhe kommen, bis wir
einander in einem anderen Licht sehen können.
Bewahre uns davor, daß wir uns Haß einreden lassen,
daß wir das Bild von Menschen beschmutzen lassen,
die uns fremd sind und die uns nichts angetan haben.
Beschütze uns vor dem Gift der Vorurteile.
Hilf uns als Gemeinde des Evangeliums, dort,
wo Feindschaft herrscht,
nicht von unseren schlechten Erfahrungen auszugehen,
sondern von deinem Wohlwollen und deinen Wohltaten,
die du keinem Menschen ganz und endgültig entziehst.

Amen

Heiliger Abend

Jesus Christus,
heute feiern wir deine Geburt.
Wir freuen uns an dem Fest, das wir für dich feiern.
Du bist der Sohn Gottes
und bist als Mensch zu uns gekommen auf diese Erde,
als ein Kind geboren in einem einfachen, armseligen Stall,
in die Krippe gelegt, wo sonst die Tiere ihr Futter
bekommen, als ein Kind, das leben will wie alle Kinder,
das Menschen braucht, die es liebhaben und für es sorgen.
Das ist wichtiger als Gold und Silber,
als ein prächtiges Haus und teure Sachen.
Der Himmel freut sich und die Erde freut sich mit.
Der Engel besucht die Hirten, die arm sind und wenig
geachtet, er lädt sie ein und schickt sie in den Stall:
"Euch ist heute der Heiland geboren!"
Sie sind gekommen und haben dich gefunden, und ihre
Freude war groß, weil sie den Frieden Gottes spürten
und erfahren haben.
Weil wir an dich denken als Kind in der Krippe,
bitten wir für alle Kinder:
beschützt sollen sie sein vor Krieg und Waffen und jeder Art
von Gewalt;
willkommen sollen sie sein und Menschen haben, die gut zu
ihnen sind;
essen sollen sie können und trinken, lernen, spielen und
lachen.
Wir bitten dich für die Kinder, die auf der Straße leben und
kein Zuhause haben,
für die Kinder, die viel zu schwere Arbeit leisten müssen
und als billige Arbeitskräfte mißbraucht werden,
für die Kinder, die sexuell mißbraucht werden,
die leiblich und seelisch mißhandelt werden.
Du bist gekommen, um an ihrer Seite zu sein, damit sie nicht
vergessen und ihrem Schicksal überlassen werden.
Dein Frieden und deine Liebe sind stark genug,
um auch in diese Dunkelheit Licht kommen zu lassen.

Amen

HEILIGER ABEND

Jesus Christus,
wahres, befreites Leben ist durch dich zu uns in die Welt
gekommen.
Du bist die Türe, durch die Gottes Gnade Eingang findet in
unsere menschliche Welt,
Freude, nicht nur für einige Auserwählte und Bevorzugte,
sondern für jeden, der bereit ist, dich aufzunehmen, dir
Raum zu geben bei sich.
Uralte Hoffnung erfüllt sich:
Gefangene werden frei,
Blinden gehen die Augen auf,
Mühselige und Beladene können aufatmen,
denn Gott, der Helfer und Erlöser, mischt sich ein.
Gute Nachricht für die Geplagten aller Zeiten!
Friede wird ausgerufen
über dieser geschundenen Erde
und allem verletzten und beschädigten Leben,
Friede den Menschen aller Kontinente, aller Rassen!
Friede zwischen den Religionen, vor allem zwischen ihnen,
denn sie alle wollen deinem Herzen nahestehen.
Friede den Tieren! Auch ihnen gehört deine Nähe!
Wohlergehen allen Elementen, deiner ganzen Schöpfung,
der Luft und dem Wasser der Flüsse und Meere,
den großen Wäldern, den weiten Ebenen und Gebirgen,
den Wegen und Straßen und denen, die sich darauf bewegen.
Laß deinen Frieden groß werden auf der Erde,
der so klein anfängt in der Enge eine Stalles.
Laß ihn uns nahekommen,
befreie uns, führe uns heraus aus aller Finsternis und allem
Elend des Unfriedens.
Wir bitten dich,
laß deinen Frieden auch zu uns kommen,
in unser Herz, in unsere Familien, in alle unsere
mitmenschlichen Beziehungen,
in die Welt der Arbeit und der großen Politik.
Laß ihn uns suchen, damit wir Herberge finden in ihm.

Amen

HEILIGER ABEND

Unser Gott,
in dieser Nacht gedenken wir der Verheißung deines großen
Friedens:
"Euch ist heute der Heiland geboren!"
Ein gutes Wort ist uns heute gesagt,
und es findet uns wie damals auf dem nächtlichen Feld von
Bethlehem die Hirten,
jeden Menschen in seiner Nacht,
jeden bei dem, was er zu hüten und zu besorgen hat,
jeden in seiner Gemeinschaft und Verbundenheit.
Laß uns gerade da die Freude finden,
ohne die wir nicht leben können,
und deinen Frieden, in dem wir zur Ruhe kommen
und aufatmen können.
Komm du zu uns, in den guten Bildern dieser Nacht:
In ihrer Stille, in ihrer Einfachheit,
in dem großen Zeichen, daß jeder angerufen ist von deinem
Boten, jeder aufbrechen kann und den Weg finden zu dir,
dich dort finden, wo er ist,
auf dem Feld seines Lebens.
Es sind nicht Jahrtausende, über die wir uns in Gedanken
hinwegschwingen müssen;
es ist kein fremdes Land, in das wir uns in Gedanken
versetzen müssen:
Deine Gegenwart ist auch in unserem eigenen Dasein
zu finden,
das Glück deines Friedens und deiner Liebe unter den
Menschen,
mit denen wir zusammengehören.
Du verbindest deinen Weg mit unseren Wegen.
So heißen wir dich willkommen,
wie es die Hirten getan haben, als sie sprachen:
"Laßt uns nun gehen gen Bethlehem
und die Geschichte sehen, die da geschehen ist";
und sie haben den gefunden,
der deinen Frieden in die Welt bringt.

Amen

Heiliger Abend

Lieber Gott,
wie die Hirten wollen auch wir
die Botschaft des Engels hören,
der deinen Frieden besungen hat.
Laß jeden Menschen erst einmal für sich selbst
und in seiner eigenen Seele Frieden finden
und dann hinlaufen und zurückkehren an den Ort,
wo er lebt,
mit seinen Mitmenschen zusammen,
und wo er den Frieden, den er bei dir gefunden hat,
hinbringen und genießen kann.
Auch wenn wir heute fröhlich sind
und es uns gut gehen lassen,
so vergessen wir doch nicht die Not und das Leiden,
die Angst und die Armut so vieler Menschen,
gerade auch heute an diesem Tag.
An diesem Abend spüren sie es um so härter,
wenn es ihnen schlecht geht, wenn sie viele Sorgen haben,
einsam sind oder im Streit leben mit Menschen,
die ihnen eigentlich nahestehen sollten.
Wir bitten dich für die Menschen,
die in den Gebieten des Krieges, des Hungers, der Krankheit
und Armut ihr Leben zubringen.
Wir bitten dich besonders für uns selbst,
daß wir unsere Herzen nicht verschließen
vor all diesem Elend.
Wir sind es, die Möglichkeiten haben zu helfen,
besonders wenn wir es gemeinsam tun,
besonders wenn wir dabei zusammenhelfen.
Es gibt viel zu tun, um dem Leben beizustehen
und zu helfen,
und dies ist eine gute Arbeit.
Mache uns alle hilfsbereit,
daß wir den Notleidenden ein Zeichen der Freundschaft und
der Liebe geben,
dein Wohlgefallen und deinen Frieden ausbreiten.

Amen

Heiliger Geist

Komm, heiliger Geist!
Wir bitten dich um Glauben, um Vertrauen und Lebensmut
für jeden Menschen.
Schenke uns einen Glauben, der uns miteinander verbindet
und nicht von einander abgrenzt oder gegeneinander
aufbringt.
Laß jeden Menschen spüren, daß er Gottes Kind und
Geschöpf ist.
Laß jeden Menschen spüren, daß du für ihn da bist
und zu ihm kommst,
sein Herz mit Freude und Zuversicht erfüllst
und ihm die Weite der Liebe eröffnest.
Laß jeden Menschen spüren,
daß Gott nicht nur Amtsträger oder Institutionen
oder Bücher
mit seinem Geist erfüllt,
sondern daß er uns Menschen sucht.

Komm, heiliger Geist!
Wir bitten dich für uns alle um die Kraft der Liebe,
damit daraus Frieden erwachsen kann,
den jeder Mensch in sich selbst,
alle Völker und die Menschheit im Ganzen dringend
brauchen.
Wir bitten dich um Mut, daß wir nicht widerspruchslos
hinnehmen,
wenn immer wieder neu Zeichen der Bereitschaft gesetzt
werden,
sich gegenseitig mit Gewalt und Vernichtung zu bedrohen,
Zeichen, daß materieller Profit über alles geht
und wichtiger genommen wird als das Wohlergehen von
Menschen und Tieren
und deiner Schöpfung überhaupt.

Komm, heiliger Geist!
Wir bitten dich um die Kraft der Hoffnung,
denn wir haben uns daran gewöhnt,
daß die Welt voller Übel ist;

wir haben uns in unseren Gedanken und Vorstellungen
damit abgefunden,
als ob dies gar nicht anders sein könne,
als ob irgendein Schicksal die höchste Macht wäre
und nicht du,
und als ob du uns keine Kräfte und Gaben
und keine Verantwortung und Auftrag gegeben hättest.
Setze auch uns in Bewegung als Menschen,
die in die Welt gesandt sind
als Sendboten deiner Güte und deines Friedens.   Amen

HEILIGUNG

Guter Gott,
dein Wille ist unsere Heilung. Dein Wille ist, daß Glauben,
Hoffnung und Liebe hineinwirken in unser Alltagsleben.
Wir bitten dich für unser Leben in der Familie, in der Ehe, in
der Partnerschaft,
daß jeder sein Teil dazu beitragen kann,
eine liebevolle Beziehung zu pflegen und zu erhalten;
daß wir einander als Menschen achten,
und nicht einander konsumieren wie eine Ware,
die einem heute gefällt und morgen ist man ihrer überdrüssig
und es gibt keine Verwendung mehr dafür.
Heilige so unser Leben als Frauen und Männer durch die
Liebe, die diesen Namen verdient.
Wir bitten dich für uns berufliches und wirtschaftliches
Leben, daß darin Ehrlichkeit und Gerechtigkeit herrschen.
Unsere Hauptsorge ist, wir könnten Geld verlieren.
Ist es nicht viel schlimmer, wenn wir das Vertrauen zu
einander verlieren?
Wird sich das nicht am Ende bitter rächen an allen?
Kommt es nicht viel mehr darauf an, Gerechtigkeit
zu üben als am längeren Hebel zu sitzen?
Heilige unser Leben in Beruf und Wirtschaft
durch Ehrlichkeit und Gerechtigkeit
und schenke so gutes Gedeihen, Frieden und Gesundheit.

Amen

Heimat

Unser Gott,
wir bitten dich für unsere Stadt/unser Dorf,
daß wir hier ein gutes Zuhause finden,
daß sie ein Ort ist, an dem wir gut miteinander
leben können,
arbeiten, unsere Freizeit gestalten und auch Feste feiern,
an dem wir als Menschen Freud und Leid,
Glück und Unglück miteinander teilen.

Wir bitten dich für unsere Stadt/unser Dorf,
daß Kinder und Jugendliche sich in ihr entfalten können,
daß sie angenommen werden,
und daß genau so auch alte Menschen
hier ein erfülltes und interessantes Dasein haben.
Wir bitten dich, daß Menschen, die Hilfe nötig haben,
diese auch bekommen
und nicht links liegengelassen werden;
daß Fremde hier in einer Atmosphäre der
Mitmenschlichkeit und Freundlichkeit aufgenommen sind,
daß gegenseitige Achtung und Toleranz Raum gibt für das
gemeinsame Leben,
daß Begegnungen stattfinden und man sich gegenseitig
näher kommen kann.
Jede Stadt lebt von einem größeren Frieden,
der hinausreicht über ihre Grenzen
und der mehr ist als nur Toleranz.
Gewähre uns diesen Frieden, weil er von dir kommt,
dem Schöpfer und Erhalter, dem Freund alles Lebens,
und laß uns ihm dienen
in Gerechtigkeit und Verantwortung für deine ganze
Schöpfung.

Wir bitten dich für die Menschen, die in unserer
Stadt/unserem Dorf leben,
daß sie in guter Gemeinschaft miteinander verbunden sind,
als gute Nachbarn, als gute Mitbürger füreinander da sind,
Zeit haben füreinander,
miteinander sprechen, einander wahrnehmen.

Wir bitten dich um deinen
Segen für alles Engagement und alle Arbeit,
die dem gemeinsamen Wohl dient und den Interessen der
Menschen, die hier wohnen.
Die Kirchen und die Gemeinden mache zu einem Ort guter
Gemeinschaft, wo jeder willkommen ist,
wo er nicht nur Menschen begegnen kann,
sondern auch dir
und gestärkt wird im Glauben für sein Dasein.   Amen

Heiterkeit

Guter Gott!
Täglich werden wir mit Nachrichten konfrontiert,
die von Leid, von Problemen, Sorgen und manchmal
von schwerem Unglück und Katastrophen berichten.
Wir wissen, daß wir ohne Schmerz und Trauer
nicht leben können, doch kann es keinen Sinn haben,
wenn wir dein wunderbares Geschenk des Lebens
als schwere Last voll dunkler Gefahren empfinden,
die Erde als Jammertal ansehen.
Durch die Betrachtung deiner herrlichen Schöpfung
machst du uns froh und schenkst uns viel Genuß;
Freude strömt aus dem Leben Jesu Christi,
fröhlich genießen wir deine Fürsorge und Güte.
Laß es uns nicht an Heiterkeit fehlen.
Gerade dann, wenn wir uns unserer Vergänglichkeit
bewußt werden, wird jeder Tag, jede Stunde kostbar,
fällt die Gleichgültigkeit und die Abstumpfung von uns ab.
Wir bitten dich, daß wir deiner Güte gewiß
fröhlich die Straße unseres Lebens ziehen können,
als Getaufte, als Beschenkte mit deiner Liebe,
vertrauensvoll und heiter allem zugesellt,
was du geschaffen hast.
Laß uns in deiner Gemeinde einen Vorgeschmack der
Erlösung erfahren, wenn wir Lachen und Weinen mit
einander teilen.

Amen

Hören

Unser Gott,
wecke unsere Ohren, mach sie bereit und aufmerksam,
daß wir hören können:
die vielerlei Klänge und Stimmen des Lebendigen,
die Stimme des Windes, der durch die Zweige der Bäume
geht und durch ihr Laub,
und wie das Wasser sich hören läßt, wenn es fließt und sich
bewegt, strömt und fällt,
und all die Stimmen der Lebewesen,
die Rufe der Vögel und die Laute in ihrer Verschiedenheit,
und unsere menschliche Stimme.
Jedem hast du seine besondere, eigene Stimme gegeben.
Wecke unser Ohr, daß wir nicht leben als wären wir taub,
sondern hinhören können,
besonders auch einander zuhören,
so daß wir uns gegenseitig mitteilen können,
etwas von einander erfahren,
von unserer Freude und von unseren Sorgen,
daß wir das Leben miteinander teilen können
und im Zuhören einander zeigen, daß wir uns gegenseitig
wichtig nehmen.
Gib uns auch ein offenes Ohr für die leisen Töne,
für das Unscheinbare, das leicht überhört,
nicht wahrgenommen und übergangen wird,
ja sogar daß wir auf die Stille hören können,
was das Schwerste ist,
und doch so wohltuend,
in der Stille Ruhe zu finden.
Vor allem bitten wir dich, daß wir lernen
auf dein Wort zu hören
mit dem Verstand und mit dem Herzen,
daß dein Wort zu uns sprechen kann,
du selbst dich uns mitteilst
mitten in unserem Leben,
daß dein Geist in uns lebendig wird,
der Geist der Liebe und der Freude.

Amen

Hoffnung

Jesus Christus, König des Reiches Gottes,
König einer kommenden Welt!
Dein Weg hat begonnen.
Du hast die Straßen dieser Welt betreten.
Du hast dich eingefunden in Jerusalem und die Stadt
geheiligt, nicht durch Bauwerke aus Stein und Gold,
sondern durch die Kraft der Hoffnung auf Gottes
kommende Welt, auf das Reich seines Friedens.
Laß in uns das Licht dieser Hoffnung neu aufleuchten
und an Kraft gewinnen.
Überschattet sind wir von Ängsten, von Feindschaft und
Gewalt. Der Tod schwingt sein Zepter in der Welt.
Von dir geht nicht Tod und Verderben aus, sondern Leben
und Frieden.
Rufe auch uns hervor aus den Gräbern der Feindschaft.
Ziehe uns heraus aus den Sümpfen der Angst und des
Hasses.
Dein Name, du Gott der Liebe, soll kundgetan werden,
dein Name soll genannt werden und angerufen,
mehr als die Namen aller derer, die ihre Pläne schmieden
und ihre eigene Ehre betreiben und ihre eigene Größe im
Sinn haben.
Dein Name soll uns erinnern daran, daß wir nicht Herren
über einander sind, sondern Mitmenschen.
Dein Name soll uns miteinander verbinden
und auf einen gemeinsamen Weg bringen,
denn du öffnest das Tor des Friedens.
Du wendest dich nicht ab vom Elend der Armen,
du versteckst dich nicht vor denen, die Hilfe brauchen.
In deinem Namen kommt nicht Enge und Abgrenzung zu
uns. Aller Welt Enden sind nicht fern von dir, sondern
offener und weiter Horizont deiner Gerechtigkeit,
dein ist das Reich, das allen Raum und Leben gewährt,
dein ist der Geist, der uns bewahrt
vor erstickender Enge der Gedanken und Interessen.
Dein Reich komme!

Amen

HOFFNUNG

Dreieiniger Gott!
Verbunden mit dir,
als deine Geschöpfe, als Getaufte, als mit deinem Geist
Begabte,
gewinnen wir Leben.
Von dir geht der Strom der Hoffnung aus.
Wir bitten dich, daß dieser Strom auch uns trägt,
daß er unser Leben fruchtbar macht und gedeihen läßt.
Wir freuen uns, daß wir gerade jetzt eine solch schöne Zeit
erleben in deiner Schöpfung,
wo die Blumen aufblühen und die Bäume,
ein Genuß für unsere Augen!
Und die Düfte des Frühlings,
die Stimmen und der Gesang der Vögel,
überall Frische des Lebens –,
mit Dankbarkeit und Freude können wir dies genießen,
auch wenn wir wissen, wie bedroht vieles ist
durch unser rücksichtsloses Zupacken.
Wie liebenswürdig ist deine Schöpfung!
Wieviel Freude und Lebendigkeit ist in ihr da!
Durch sie spüren wir den Strom der Hoffnung
auch in uns selbst.
Ihre Kraft veraltet nicht, welkt nicht dahin und
verschwindet nicht.
Wie ein neugeborenes Kind ist sie nahe der Quelle
des Lebens.
Verbunden durch die Taufe mit Jesus Christus,
öffnet sich der Horizont, weitet sich,
sprengt die Enge der Zeit und der Vergänglichkeit,
wendet uns die Kraft des Ewigen zu.
Du begegnest uns in Tat und Wahrheit
als der Gütige und Wohltuende.
In Christus, in seiner Auferstehung,
führst du den Tod gefangen
und machst ihn zu deinem Diener,
daß er nicht Zerstörer sein darf,
sondern der Türhüter sein muß
deines unvergänglichen Reiches.

Heiliger Geist! Stark durch die Erinnerungen an Jesus
Christus,
Lebendiger und Belebender!
Wo wir schöpferisches Leben abgetötet haben
und erstarren ließen,
schenke du neue Lebendigkeit und Bewegung.

Amen

HOFFNUNG

Lebendiger Gott,
in deinem Wort begegnen uns große Hoffnungen:
Visionen einer Welt, die uns bewegen können,
Energie geben gegen alles Verhängnis,
die Lähmung der Gedanken heilen,
unsrem Tun auf die Sprünge helfen,
Sinn geben und Richtung.
Du gibst uns eine Hoffnung,
die sich nicht damit abfindet,
daß die Völker der Erde einander bedrohen müssen
mit Waffengewalt,
daß sie Unsummen von Geld ausgeben müssen
für das Werkzeug des Todes,
sondern zur Vernunft kommen,
und Werkzeuge des Lebens herstellen,
Hunger und Armut damit bekämpfen
und nicht Menschen,
der Gesundheit dienen
und nicht dem Tod.
Ohne die Vision einer guten Zukunft kommen wir nicht
weiter.
Wir bitten dich für die Verantwortlichen
der großen internationalen politischen Organisationen,
daß durch sie etwas spürbar wird von einer großen
und guten Vision einer friedlichen Welt,
und daß es sich lohnt, dafür zu arbeiten.

Amen

HOFFNUNG

Guter Gott,
Frieden und innere Ruhe sind deine Gaben an uns.
Durch Jesus Christus bringst du uns deinen Frieden nahe.
Schenke uns Glauben, um deinen Frieden
in uns aufzunehmen.
Gib uns Hoffnung, damit wir den Bedrängnissen
gewachsen sind,
die das Leben mit sich bringt.
Laß auch uns die Erfahrung machen,
daß durch das Bestehen von Problemen und Schwierigkeiten
die Geduld gestärkt und die inneren Kräfte gemehrt werden.
Vor allem bitten wir dich:
Geleite uns auf unseren Wegen und gib uns die Kraft einer
lebendigen Hoffnung.
Beschenke uns mit Freude, die aus dem Vertrauen zu dir
herauswächst.
Halte das Tor zum Leben offen, das du deinen Kindern
auftust.
Laß uns nicht die Unbefangenheit verlieren
und versinken in Unzufriedenheit, Skepsis und
Mißtrauen.
Bewahre die Kinder vor dem Eindruck,
daß unser Leben ein Dschungel sei aus Angst, Gewalt,
Langeweile und Konsum.
Den jungen Menschen erhalte die Neugier auf das Leben,
die Gewißheit, daß sie wichtig sind und gebraucht werden,
die Lust, ihre Gaben und Fähigkeiten einzubringen,
den weiten Horizont und die Offenheit,
die wir brauchen, um gemeinsam als Menschheit
weiterzuleben.
Stärke uns alle, was immer wir zu tun haben,
für unsere Aufgaben, für jede Art von Arbeit und
Verantwortung,
damit wir nicht dem Gefühl erliegen,
es sei alles vergeblich, was wir tun können.
Wenn wir daran denken müssen,
daß unser Leben kürzer wird
und unsere Zeit bemessen ist, gewähre uns die Hoffnung,

daß wir unterwegs sind zu dir, zu deinem Frieden,
und daß du uns hineinnehmen wirst in deinen Frieden.
Die Linien des Lebens sind verschieden.
Laß alle geschrieben sein mit der Farbe der Hoffnung.

Amen

ISRAEL

Unser Gott,
wir bitten dich, daß die heilsame Kraft deiner Barmherzigkeit
und deiner Liebe, die befreiende Kraft deines Evangeliums
an uns wirksam wird, daß wir durch sie das Heil erlangen
und glaubwürdige Zeugen deiner Gnade werden können.
Befreie uns dazu von Rechthaberei und Besserwisserei,
denn nicht unsere Weisheit und unsere Erkenntnis rettet uns,
sondern deine Gnade ist allein der Grund des Heils.
Gib uns die Aufrichtigkeit und den Mut, unsere Schuld
gegenüber Israel zu erkennen und zu bekennen
und um Vergebung dafür zu bitten, damit deine Gnade
bei uns in Kraft treten kann. Wir bitten dich:

Gemeinde: "Herr, erbarme dich" (EG 178.11)

Wir bitten dich für den Friedensprozeß zwischen Israel
und den Palästinensern, daß nicht die Verletzungen,
der Haß, die erlittenen und die begangenen Gewalttaten
den Weg in die Zukunft bestimmen, sondern die Erfahrungen
guter Nachbarschaft und gegenseitiger Freundschaft,
die Erfahrungen von Versöhnung und Gemeinschaft
den Weg zum Frieden eröffnen. Jeder Schritt der
Gerechtigkeit
ist ein Schritt zum Frieden, macht weniger Angst,
vermindert die Gewalt, stärkt und vermehrt das Vertrauen.
Stärke und begleite mit deinem Schutz und mit deiner Hilfe
auf beiden Seiten diejenigen Menschen, die diesen Weg
gehen wollen.
Gib beiden Völkern gute Freunde, die sie stützen und fördern
auf dem mühsamen Weg zur Versöhnung.   Amen

KAMPF

Unser Gott,
das Wort "Kampf" hat keinen guten Klang in unseren Ohren.
Gibt es nicht viel zu viel Bereitschaft zum Kämpfen,
im wirtschaftlichen Leben, im Beruf, in der Politik,
in der Wissenschaft, im Straßenverkehr, unter Nachbarn
und Verwandten, unter Kirchen und Religionen –
überall Kampf. Ist darüber nicht die Menschheit zu einem
Pulverfaß geworden, wo ständig Konflikte ausbrechen
und unter großen Opfern ausgetragen werden?
Du willst nicht, daß wir andere Menschen bekämpfen,
aber daß wir unsere Kräfte einsetzen gegen das Böse
und die Übel, gegen Ungerechtigkeit, gegen Armut und Not,
gegen Fanatismus und Haß. Gib uns dazu Geduld, Opfer-
bereitschaft und stärke uns durch das Beispiel Jesu Christi
und durch die Wolke der Zeugen, der Frauen und Männer,
die Beispiele dieses Kampfes gegeben haben.

Amen

KARFREITAG

Jesus Christus!
Dich preisen wir als den, der in die Tiefen des Lebens
hinuntergestiegen ist,
in die Tiefen der Angst und des Leidens,
in die Nacht des Todes,
in die Abgründe menschlicher Schuld und Grausamkeit.
Und dich preisen wir als den Auferstandenen,
als den, der das Werk des Heils vollbracht hat.
Mit Gottes Liebe hast du die Fülle des Lebens
zu uns gebracht.
Laß uns dein Kreuz zu einem Zeichen der Hoffnung werden.
Wenn auch unser eigener Weg in die Tiefe führt,
in die Dunkelheit von Leid und Schmerz,
wenn Sorgen und Kummer uns niederdrücken,
wenn Abschied zu verkraften ist, Sterben sich naht,
dann gib uns dein Kreuz als Zeichen der Hoffnung,

als Zeichen der Nähe Gottes und seiner Hilfe:
"und schöpfen draus die Zuversicht,
daß du uns wirst verlassen nicht,
sondern ganz treulich bei uns stehn,
daß wir durchs Kreuz ins Leben gehn." (EG 79,4)
Wir rufen zu dir:

Gemeinde: "Herr, erbarme dich" (EG 178.11)

Mache uns dein Kreuz zu einem Zeichen des Glaubens.
Du bist da, nicht nur, wenn wir stark sind und glücklich,
sondern auch in den Zeiten der Ohnmacht und des Leidens.
Mach uns gewiß, daß nichts uns trennen kann
von deiner Liebe.
"So hat es Gott gefallen,
so gibt er sich uns allen.
Das Ja erscheint im Nein,
der Sieg im Unterliegen,
der Segen im Versiegen,
die Liebe will verborgen sein." (EG 94,4)
Wir rufen zu dir:

Gemeinde: "Herr, erbarme dich" (EG 178.11)

Mache uns dein Kreuz zu einem Zeichen deiner Liebe.
Du erinnerst uns durch dieses Zeichen
an die leidenden Menschen, an alle leidende Kreatur.
Sie stehen im Schatten, sie ziehen nicht die Blicke auf sich.
Sie werden übersehen, wie wir uns faszinieren lassen
vom Starken und Erfolgreichen.
Im Zeichen des Kreuzes laß uns deine Liebe erkennen
und nicht nur die Grausamkeit und das entsetzliche Leiden,
das es in dieser Welt gibt.
"O große Lieb, o Lieb ohne alle Maße,
die dich gebracht auf diese Marterstraße!
Ich lebte mit der Welt in Lust und Freuden,
und du mußt leiden." (EG 81,6)
Wir rufen zu dir:

Gemeinde: "Herr, erbarme dich" (EG 178.11)

KINDER

Lieber Gott,
heute gedenken wir besonders der Kinder,
die Schlimmes durchmachen müssen:
Wir denken an die Kinder, die Hunger leiden,
die auf Müllplätzen sich etwas zu essen suchen
oder sich etwas zusammenstehlen müssen,
die krank werden, weil sie schlecht ernährt sind
und keine Medikamente bekommen,
die nichts lernen können, womit sie ein selbständiges Leben
führen können.

Gemeinde: "Kyrie eleison" (EG 178.9)

Wir bitten dich für die Kinder,
die ihre Eltern durch Aids verlieren,
für die Kinder in China und Honduras,
die durch Überschwemmungen obdachlos geworden sind.
Für die Mädchen und Jungen,
die als Arbeiter ausgebeutet
und um ihre Kindheit betrogen werden,
die in kleinen Verschlägen Teppiche knüpfen müssen.

Gemeinde: "Kyrie eleison" (EG 178.9)

Wir bitten dich für die Kinder,
die für die Machtgelüste von Politikern
als Soldaten sterben müssen.
Wir bitten dich für die Kinder, die benutzt werden,
um Pornographie herzustellen,
und die sexuell mißbraucht werden,
für die Kinder, die durch Landminen verletzt und
verunstaltet werden.
Mach uns bereit, für alle diese Kinder etwas zu tun.

Amen

KINDER

Jesus Christus,
während wir Erwachsenen meinen, daß die Kinder
werden müssen wie wir,
stellst du die Sache vom Kopf auf die Füße und sagst,
daß wir Erwachsenen werden müssen wie die Kinder.
Nicht, daß wir den Weg zurückgehen könnten in die
Kindheit,
nicht, daß wir die Erfahrungen abstreifen könnten,
die uns zu erwachsenen Menschen werden ließen,
sie an den Nagel hängen könnten wie abgetragene Kleider –,
nein, das Unmögliche verlangst du nicht von uns!
Aber du mutest uns zu, daß wir den Aktionismus
aufgeben,
mit dem wir meinen, etwas aus uns machen zu müssen.
Du gestehst uns zu, daß wir Erwachsenen wie die Kinder
uns unseres Daseins erfreuen und es als Geschenk von Gott
annehmen können,
auch wenn wir erwachsene Menschen sind
und allerlei bedeutende Verantwortung tragen
und Fähigkeiten besitzen.
Wir bitten dich,
schenke auch uns Erwachsenen
die kindliche Nähe zum Leben,
ihr Zuhausesein bei sich und in der Welt.
Wir bitten dich für die Kinder, daß sie auch in der Gemeinde
ein Zuhause finden können,
Gottesdienste feiern können,
daß sie willkommen sind,
Freundlichkeit und gute Gemeinschaft finden,
Menschen, die sie gern haben,
die ihnen Zeit schenken,
sie mit Geduld begleiten
und mit dem Glauben vertraut machen.

Amen

KIRCHE

Dreieiniger Gott, Vater, Sohn und Heiliger Geist!
Wir bitten dich für die Kirche, daß sie den Menschen das gibt,
was sie ihnen zu geben hat, nämlich das Evangelium
von Jesus Christus,
den Glauben an Gott, den Schöpfer, Vertrauen zu ihm,
daß sie an die Verantwortung vor ihm erinnert
und zur Freiheit ermutigt,
daß sie niemand von seiner Liebe ausschließt
und vor allem auf der Seite der Leidenden zu finden ist,
jedem Menschen Hoffnung für das zeitliche und ewige Leben
zuspricht.
Wir bitten dich, daß die Kirche sich nicht vereinnahmen läßt
von Ideologien und Gruppeninteressen,
sondern der Liebe Gottes vertraut,
die über alle unsere Grenzen hinweg jedem Menschen,
ja der ganzen Schöpfung unverbrüchlich gilt.
Bewahre sie vor Erstarrung und Verkrustung in Amtlichkeit
und Bürokratie und laß es ihr nicht fehlen an Nähe
zu den Menschen und an Weitblick.

Amen

KONFIRMANDEN

Unser Gott,
wir bitten dich für die Mädchen und Jungen
aus unserer Gemeinde,
die jetzt ihre Konfirmandenzeit beginnen,
daß es für sie eine interessante Zeit wird,
die ihnen etwas bringt für ihr weiteres Leben;
daß sie die Gemeinde kennenlernen und etwas davon
erfahren,
wozu sie da ist;
daß sie sich selbst auch an ihrem Leben beteiligen können;
daß es ihnen Freude macht, Gottesdienst mitzufeiern,
daß sie entdecken, was der Sinn des Glaubens ist,
und was er uns bringt für unser Leben.

Wir bitten dich, daß sie untereinander eine gute
Gemeinschaft finden.
Wir bitten dich:

Gemeinde: "Kyrie eleison" (EG 178.9)

Wir bitten dich für ihre Eltern und Paten,
daß sie den Jugendlichen
gute Gesprächspartner sein können,
daß sie ihnen ihre eigenen Erfahrungen nicht vorenthalten,
daß sie vernünftig miteinander besprechen können,
was ihnen wichtig ist und wertvoll,
welche Ziele ihnen vorschweben,
was ihnen Halt gibt und Lebensmut.
Wir bitten dich für uns Erwachsenen,
daß wir auch die Erfahrungen der Jugendlichen
respektieren können,
ihren Gedanken, ihren Fragen und Zweifeln
mit Verständnis und Aufgeschlossenheit begegnen.
Hilf uns, daß wir uns gegenseitig vertrauen.
Wir bitten dich:

Gemeinde: "Kyrie eleison" (EG 178.9)

Wir bitten dich für die ganze Gemeinde,
daß wir offen sind für neues Leben,
daß die Jugendlichen spüren können:
wir freuen uns, daß sie da sind;
sie sind hier willkommen;
sie werden gebraucht mit ihren Gaben und Interessen.
Laß uns erkennen, wie wertvoll es ist,
wenn Erwachsene und Jugendliche
miteinander unterwegs sind,
gemeinsam sich den heutigen Aufgaben stellen,
für gemeinsame Hoffnungen arbeiten
und gemeinsam Verantwortung übernehmen.
Wir bitten dich dafür um deine Hilfe
und um deinen Segen.

Gemeinde: "Kyrie eleison" (EG 178.9)

KONFIRMANDEN

Unser Gott,
wir danken dir für diesen Tag,
den wir gemeinsam erreicht haben,
und wir wünschen uns,
daß es ein guter und glücklicher Tag sein soll
für jedes Mädchen und jeden Jungen.
Du bist ein guter Gott, ein Hirte aller deiner Geschöpfe,
ein starker und zuverlässiger Helfer,
ein Gott, von dem Hoffnung und Lebensmut ausgeht.
Dir danken wir für den bisherigen Lebensweg,
für alle guten Erfahrungen, für alles, was sie gestärkt und
vorangebracht hat.
Wir bitten dich, daß diese Erfahrungen für sie nützlich sind
auf dem Weg in die Zukunft.
Wir danken dir für ihre Fähigkeiten und Gaben
und bitten dich: laß es ihnen gelingen,
sie zu entwickeln und damit etwas Gutes anzufangen.
Wir danken dir für ihre Energie zum Leben,
für ihren Spaß und für ihren Ernst,
für die Besonderheiten,
die jeder und jedem mitgegeben sind,
für den Rückhalt in ihren Familien,
für gute Freundschaften.
Laß sie dieses Glück auch in Zukunft finden.
Deine Freundlichkeit hat viele Gesichter und Gestalten.
Möge deine Freundlichkeit sie begleiten,
wie ein guter Hirte sein Auge hat auf die Herde,
um die er sich kümmert.
Möge deine Freundlichkeit ihnen Glück gewähren
in der Gemeinschaft mit anderen Menschen,
gute Erfolge bei den Aufgaben, die auf sie zukommen,
sinnvolle Ziele, nach denen sie streben können.
Laß das Bild Jesu Christi klar und deutlich ihnen vor Augen
stehen,
ein gutes Vorbild für das eigene Leben,
eine Hilfe, Ja zu sagen zu sich selbst
und zu den anderen Menschen,
und auch sich Schwierigkeiten im Leben mutig zu stellen.

Laß sie selbst gute Erfahrungen machen mit dem,
was Jesus Christus gesagt hat.
Laß sie auch Menschen finden,
die unverkrampft und überzeugend
sich an sein Evangelium halten,
und die sie dabei begleiten können.
Geleite sie mit deinem Segen.
Gib ihnen aus dem großen Schatz deiner Wahrheit
gute Gedanken,
die ihnen helfen, ihren eigenen Weg zu finden.
Dir vertrauen wir sie an.
Bleibe bei ihnen mit deiner Gnade.   Amen

KRAFT

Unser Gott!
Du läßt uns dein Evangelium, dein gutes Wort, verkündigen,
und nun laß uns auch erfahren, daß es eine Kraft ist,
die in uns Glauben schafft und ihn bestärkt und erneuert,
Lebensmut gibt und Freude macht, Geduld und Hoffnung.
Wo dein Wort von uns angenommen wird, wo wir es nicht
behandeln als ein dürres leeres Gerede, das uns fern
bleibt, sondern es als bare Münze nehmen, da stärkt und
erbaut es uns, tut uns gut und kräftigt uns für unseren Weg
und unsere Aufgaben.
Darum bitten wir dich.
Schenke vor allem den Menschen neue Kraft,
die sich schwach und ohnmächtig fühlen,
die sich große Sorgen machen
und bedrängt werden von schweren Problemen.
Ihnen laß die Augen für deine Hilfe aufgehen,
damit sie nicht verzagen, sondern auch in ihrem Dasein
deine Gnade und deine Kraft erfahren,
wie der Apostel Paulus dies von sich sagen konnte.
Gib, daß wir uns weder deines Evangeliums
noch des Glaubens
noch unserer Schwachheit schämen,
sondern daraus täglich so viel Kraft von dir ziehen,
wie wir für diesen Tag brauchen.   Amen

KRANKHEIT

Wir bitten dich, Herr, für die Menschen, die krank sind,
daß sie die gute Erfahrung machen: mir wird geholfen.
Ich bin krank, ich brauche Hilfe,
ich bin darauf angewiesen, daß andere Menschen mir
beistehen,
und da gibt es auch Menschen, die sich um mich kümmern,
die mich umsorgen und sich um mich bemühen. (Mk 7,32)
Wir bitten dich:

Gemeinde: "Herr, erbarme dich" (EG 178.11)

Krank sein, Patient sein, das heißt: Geduld nötig haben.
Darum bitten wir dich für die Kranken:
daß sie sich das Kranksein zugestehen können,
daß sie die Unterbrechung aller Geschäftigkeiten und
Aktivitäten hinnehmen können,
das Herausgenommensein aus dem Lauf und Gang des
alltäglichen Lebens, (Mk 7,33)
daß sie Körper, Seele und Geist Zeit lassen
für den Weg der Heilung.
Wir bitten dich:

Gemeinde: "Herr, erbarme dich" (EG 178.11)

Wir bitten dich um Aufmerksamkeit dafür,
was die Krankheit für uns bedeutet,
was uns unser Körper dadurch sagen und zeigen will,
wovor er uns warnt,
wozu er uns einladen will oder vielleicht sogar auffordern.
Behüte uns davor, daß wir die Krankheit einfach nur als
einen Defekt ansehen,
den man reparieren muß, um dann die alten Wege
weiterzugehen.
Mache uns weise, das Verderbliche zu erkennen,
und mache uns klug, es zu meiden. (Mk 7,35)
Wir bitten dich:

Gemeinde: "Herr, erbarme dich" (EG 178.11)

Wenn wir krank geworden sind,
laß uns nicht die Hoffnung verlieren,
sondern sprich du für uns das stärkende Wort,
das Wort, das die verschlossenen Tore des Lebens öffnet,
damit wir frei werden, auf den Weg der Heilung zu gehen.
Wir bitten dich:

Gemeinde: "Herr, erbarme dich" (EG 178.11)

LEIDEN

Jesus Christus,
du stehst uns als leidender Mensch vor Augen. Dein Kreuz
erinnert uns ständig daran. Trotzdem sehen wir in dir nicht
das Bild des unglücklichen Menschen, dessen Leben
sinnlos ist und verfehlt und besser nicht gelebt worden wäre.
Wir bitten dich um einen nüchternen Sinn und um klare
Einsicht in die Tatsachen des Lebens.
Wir sind vergängliche Menschen,
und unser Vergehen kann sich nicht vollziehen ohne Leiden
und Schmerz, ohne Verlust, Verzicht, Loslassen und Angst.
Unsere Vergänglichkeit teilen wir alle mit einander.
Sie zu tragen und auf sich zu nehmen, kann keinem erspart
bleiben. Sie ist nicht Strafe, sondern Preis unseres Lebens.
Bewahre uns vor Wehleidigkeit und davor, daß wir in
gesunden Tagen diese Themen uns möglichst vom Hals
halten und so tun, als ob sie uns nichts angingen.
So geraten wir in Fragen hinein, auf die es meist keine
Antworten gibt: "Warum muß ausgerechnet ich leiden?"
wo wir auch fragen könnten: "Warum nicht ich?"
Vor allem gib uns das, was wir nötig haben im Leiden,
nämlich Geduld, das rechte Maß von Widerstand und
Ergebung
allem Leiden gegenüber, welches uns das Leben auferlegt.
Laß es uns nicht an Hoffnung fehlen, daß einmal alles
Leiden ausgestanden und überwunden sein wird
und wir dann deiner zukünftigen Herrlichkeit teilhaftig
sein werden. Jetzt schon ernten wir ihre ersten Früchte,
wo immer deine Liebe unser Leben bestimmt.   Amen

LICHT

Dreieiniger Gott, Quelle des Lichtes!
Zu dir wenden wir uns,
dem Schöpfer, dem Mensch Gewordenen,
dem heiligen Geist.
Durch das Licht der Sonne pflegst du das Leben,
läßt es wachsen und aufblühen und reifen.
Uns Menschen hast du begabt mit dem Licht des
Verstandes,
damit wir bedenken können, wer wir sind,
und die Wege, die wir gehen.
Behüte uns vor der Verfinsterung unseres Verstandes,
indem wir sinnlosen Zielen verfallen,
verkennen, was wir nötig haben.
Erleuchte unser Denken durch deine Weisheit,
wie sie aufleuchtet in den klaren Kristallen deiner Gebote.
Sei mit deinen Worten unseres Fußes Leuchte,
Licht auf dem Weg auch durch diese jetzige Zeit.

Jesus Christus, Licht der Welt,
erleuchte uns, damit wir unser Dasein
im Licht der Liebe Gottes sehen
und uns daran freuen können,
seinen Frieden genießen und miteinander teilen können.
Nicht nur, daß wir Liebe üben sollen,
sondern daß wir geliebt sind von dem,
der uns das Leben schenkte.
Hilf, uns selbst und unsere Mitmenschen
in diesem Licht zu sehen.
Erfrische uns durch diese Gnade täglich,
erhelle uns Gemüt und Verstand.

Heiliger Geist,
bringe in uns das Licht des Glaubens zum Leuchten,
daß wir Ruhe finden und in dieser Ruhe gestärkt sind
für Sorgen und Lasten, für Pflichten und Aufgaben,
die das Leben mit sich bringt.

Amen

LIEBE

Laßt uns beten zu dem Gott, der Liebe ist,
daß wir durch den Glauben an ihm selbst Anteil haben,
und daß wir den Weg der Liebe nicht verfehlen.
Wir bitten, daß wir von Jesus Christus lernen, unser eigenes
Dasein als Geschenk Gottes anzunehmen und zu lieben,
daß wir durch sein Beispiel lernen, mitmenschlich und
liebevoll miteinander umzugehen,
unsere Beziehung zueinander nicht verderben zu lassen
durch Angst und Mißtrauen, durch Überheblichkeit und
Feindschaft.
Wir bitten dich für alle Menschen, die auf unserem
Lebensweg bisher an unserer Seite gewesen sind,
durch deren Liebe wir in das Leben gekommen sind,
die sich mit uns gefreut haben,
die uns trösteten und ermutigten.
Wir bitten dich für die Familien, daß Eltern und Kinder
sich gegenseitig gern haben und verstehen,
daß sie nicht einander gleichgültig werden
und den Rücken zukehren,
sondern einander zugewendet und zugetan bleiben,
offen für neue Erfahrungen miteinander.
Wir bitten dich für alle Menschen, die an den Rand der
Gesellschaft geraten sind, die übersehen werden, weil sie
nicht in die Leistungswelt passen
und nicht mit Erfolgen aufwarten können,
für diese Menschen bitten wir, daß sie nicht an sich selbst
zweifeln, daß sie auch Menschen finden, die sich stark
machen für ihre Interessen und für sie eintreten, so wie Jesus
Christus an der Seite derer war, die ausgegrenzt wurden.
Laß an deiner Gemeinde,
an den Menschen, die an dich glauben,
deutlich sichtbar und erfahrbar werden,
daß nicht Dogmen und Überzeugungen uns mit dir
verbinden, sondern daß wir dir allein nahe sind,
allein verbunden sind mit dir in der Liebe.
Schenke uns diese deine Gegenwart.

Amen

NEUJAHR

Unser Gott,
wir danken dir für die Ermutigung, die uns dein Wort gibt
für den Weg durch die Zeit,
für die Erinnerung daran, daß wir nicht auf eigene Faust
unterwegs sind,
sondern dein Geleit und dein Schutz uns umgeben.
Wie leicht sehen wir überall Mängel und Hindernisse,
entdecken, was fehlt, sind unzufrieden und werden
mißmutig.
Öffne uns die Augen für all das Gute,
das wir in unserem Leben vorfinden,
das uns stärkt für unseren Weg
und uns hilft, dankbar zu leben
mit fröhlicher Seele und ausgeglichenem Geist.
Oft verstehen wir nicht die Geheimnisse deiner Führung
und trauen unserem eigenen Planen mehr zu als dem,
was sich durch deine Weisheit für uns ergibt.
Nimm die Furcht aus unseren Herzen
und befreie uns von den Sorgen,
die wir uns vergeblich machen.
Statt dessen stärke unser Vertrauen
und unseren Lebensmut.
Hilf uns durch deinen Geist,
durch den Zuspruch des Evangeliums,
daß wir nicht in das neue Jahr hineingehen
bedrückt durch düstere Prognosen und Erwartungen,
beschwerten Herzens durch Bedrohungen und Gefahren,
gelähmt von Sorgen und Ängsten
oder auch überschwenglich geblendet von
Selbstüberschätzung.
Auch dieses beginnende Jahr ist deine Zeit,
"angenehmes Jahr des Herrn",
Zeit, in der sich dein Heil uns zuwendet und erschließt.
Du hast Himmel und Erde gemacht,
deiner segnenden und behütenden Hand steht alles offen,
bei dir finden wir Hilfe.

Amen

NEUJAHR

Gott, unser Hirte!
Gestärkt durch das Vertrauen zu dir
wollen wir in das neue Jahr hineingehen.
Wir wissen nicht, was es uns bringen wird
an Wohltaten, an Schönem,
an Glück und an Freude.
Wir wissen nicht, was uns auferlegt sein wird
an Sorgen oder Leid.
In deinem Geleit können wir aber mit Zuversicht,
mit Freude und Dankbarkeit unseren Weg gehen
und, wo wir es brauchen,
Trost, Kraft und Geduld finden.
Du hast uns ein Leben geschenkt,
das nicht nur voller Gefahren ist,
eine Wüste und ein Jammertal,
sondern voller guter Möglichkeiten steckt,
ein Leben, dem deine Verheißung gilt,
in dem dein Friede da ist
und sich deine Güte uns zuwendet.
Du bist ein Hirte,
der auf grüne Aue und zum frischen
Wasser führt,
der vertraut ist mit den Wegen,
der Mittel und Wege hat, im finsteren Tal zu schützen
und Unheil abzuwehren.
So können wir mit guten Erwartungen
und mit Hoffnung leben
von Tag zu Tag und von Jahr zu Jahr.
Durch dich wird der Horizont unserer Hoffnung weit
und unser Vertrauen zu dem großen Geschenk des Lebens
tief.
Durch dich werden wir gestärkt gegen die dunklen Schatten
und lernen vertrauen, daß Gutes und Barmherzigkeit sich
uns zeigen
und uns begegnen werden auf dem ganzen Wege,
und daß wir eine unverlierbare Heimat haben bei dir.

Amen

OBERFLÄCHLICHKEIT

Unser Gott, es ist gut, wenn dein Wort uns vor Lauheit
warnt.
Gerade in unserer Zeit drohen wir zu versinken
in einem tiefen Schlamm von Gleichgültigkeit, Flüchtigkeit
und Oberflächlichkeit.
Vor lauter Schnelligkeit haben wir kaum noch Zeit,
wir rasen durch die Landschaft,
wir sprechen mit Menschen in anderen Kontinenten
und kennen nicht den Nachbarn auf der anderen Seite der
Straße oder im nächsten Stockwerk.
Tausend Eindrücke lassen wir an uns vorüberrauschen,
und wenn es einmal still wird und ruhig,
dann quält uns Leere.
Langeweile treibt uns an, die Zeit irgendwie
totzuschlagen.
Nicht nur die Waren, die wir kaufen aus den großen
Regalen
tragen ein Verfallsdatum, auch Wissen ist schnell überholt.
Wozu sollen wir uns also tiefer darauf einlassen?
Hopp und raus!
Jeden Tag lassen wir uns von neuen Informationen berieseln,
die morgen überholt sind.
So werden wir groß im Vergessen und im Verdrängen,
Meister darin, vieles zu wissen und kaum etwas uns angehen
zu lassen.
Die ganze Welt holen wir auf Bildschirmen in unser
Wohnzimmer
und doch bleibt uns alles fern,
nichts ist da als Bilder und Daten.
Vieles verwandeln wir in Statistik.
Aus Menschen, die auf den Straßen ihr Leben oder ihre
Gesundheit verloren haben,
werden Zahlen: Kriegsopfer, Vertriebene, Arbeitslose,
Opfer von Krankheiten,
von Verbrechen und Gewalttaten.
Zahlen, Vergleiche, Prognosen –!
Wie sollen wir nicht lau werden, gleichgültig und
oberflächlich?

Die Verpackung ist wichtiger als der Inhalt, das Image
wichtiger als der Mensch,
Eindruck machen, sich darstellen, sich herrichten,
clever sein:
Anstatt lebendiger Menschen drohen wir Masken zu
werden.
Auch den Dingen entziehen wir das Vertrautsein.
Alles kann man auswechseln,
auch Menschen, fast genau so wie Autoreifen.
Wir bitten dich: Laß uns eine lebendige Menschlichkeit
nicht abhanden kommen.
Behüte uns davor, daß wir nur noch Publikum sind,
Zuschauer, die sich unterhalten lassen von dem,
was auf dieser Erde geschieht,
und sich aus allem möglichst heraushalten.
Es genügt nicht, gut über die Rampe zu kommen.
Laß uns Zeit finden, Aufmerksamkeit, Wachheit,
damit wir unsere Lebenserfahrungen verarbeiten können,
auch die schmerzhaften und leidvollen,
damit gerade auch durch sie unsere Menschlichkeit wachsen
und reifen kann,
sich bilden kann wie Gold, das durchs Feuer gereinigt wird.
Gib uns Augen, die eine klare Sichtweise haben auf das
Wesentliche,
auf das echte und wirkliche Geschehen des Lebens.

Amen

Dreieiniger Gott,
Schöpfer der ganzen Menschheit,
in Jesus Christus Mensch Gewordener,
heiliger Geist!
Wir bitten dich für die Gemeinschaft deines Volkes,
für die Versöhnung der Christenheit.
Wir bitten dich, daß sie in jedem Christen selbst anfängt,
in den Herzen und in den Köpfen der einzelnen Christen,
daß jeder darauf bedacht ist, dir, dem Gott der Liebe,
Ehre zu machen,
aus deiner Liebe zu leben und sie anderen zu schenken,
auf Versöhnung bedacht zu sein, nicht auf Überlegenheit
und Vorrang,
nicht sich an vermeintlich fertiges Wissen zu halten,
sondern kennenlernen zu wollen,
bereit zu sein zu Begegnung und zu neuen Erfahrungen
miteinander.
Wir rufen zu dir:

Gemeinde: "Kyrie eleison" (EG 178.9)

Wir bitten dich für die christlichen Gemeinden in dieser
Stadt / diesem Dorf,
daß sie voranschreiten auf dem Weg guter Nachbarschaft,
auf dem Weg der Freundschaft miteinander,
daß sie ein Beispiel sein können für Versöhnung
und friedliche Gemeinschaft,
daß sie miteinander Gottesdienst feiern können
und miteinander in der heutigen Welt,
unter ihren Umständen,
Zeugen des Evangeliums sind.
Wir rufen zu dir:

Gemeinde: "Kyrie eleison" (EG 178.9)

Wir bitten dich für die Kirchenleitungen,
daß sie sich nicht abfinden
mit den alten Grenzen und Gegensätzen,

nicht erlahmen in dem Eifer auf der Suche nach der
Gemeinschaft,
nicht hängenbleiben an alter gegenseitiger Schuld,
alten Vorwürfen, alten Verletzungen,
sondern aus der Kraft der Gnade und der Vergebung
weitergehen können
in eine bessere, friedliche Zukunft des gemeinsamen
Dienstes und Lebens als Jünger Jesu Christi.
Wir rufen zu dir:

Gemeinde: "Kyrie eleison" (EG 178.9)

OFFENBARUNG

Jesus Christus,
du bist Paulus auf der Straße nach Damaskus begegnet
und hast dich ihm offenbart als der,
welcher einer dem Machtstreben und der Feindschaft
verfallenen Welt das Heil bringt,
den Frieden Gottes,
der höher ist als alle unsere Vernunft.
Du hast viele Möglichkeiten,
dich auch uns als lebendig zu erweisen,
dich uns zu offenbaren
und auch uns dein Licht aufgehen zu lassen.
Vielleicht müssen auch wir dazu
für eine Zeit blind werden,
unsere Augen abwenden vom Tagesgeschehen,
um nach innen zu schauen,
auf deine Stimme zu hören,
die Bilder deines Lebens in uns aufsteigen zu lassen,
um deinen Frieden in uns zu finden und zu erkennen.
Wenn wir dich gesehen haben
und erkannt haben,
dann wirst du uns ganz neu die Augen öffnen
für uns selbst
und für die gegenwärtige und zukünftige Welt.

Amen

Opfer

Unser Gott,
wir sehen, daß Menschen oft zu Opfern werden
in dieser Welt,
wie stark die großen Mächte sind, die Opfer erwarten oder
verlangen,
manchmal sogar erzwingen,
die sie heiligen und glorifizieren,
Regierungen, Diktatoren, Mächtige der Wirtschaft,
Wissenschaftler,
Meinungsmacher, Wortführer der Religionen.
Schenke uns einen nüchternen und kritischen Sinn,
daß wir nicht jedem großen Glücksversprechen
auf den Leim gehen
und nicht den großen Schlagworten aufsitzen,
uns nicht den Verstand umnebeln lassen
von Scharlatanen.
Gib uns aber vor allem auch einen klaren Blick
für die Mächte, die in uns selbst stecken
und uns zu Opfern machen:
den Ehrgeiz, die Habgier,
den Wunsch nach Macht,
die Sucht nach Beliebtheit,
die innere Ruhelosigkeit.
Wie viele Menschen werden durch all das zu Opfern,
wie viele bleiben auf der Strecke!
Wir bitten dich für die Opfer der Kriege,
für die Opfer des brutalen Terrors,
für die Opfer der Ungerechtigkeiten,
der ungerechten Wirtschaftsordnungen, die sich ein legales
Gesicht geben
und doch Menschen um das Lebensnotwendige bringen und
betrügen.
Wir bitten dich für die Opfer menschenverachtender
Regierungen,
für die Opfer des Verkehrs,
für die Opfer der zerstörerischen Süchte.
Wieviel Leid ergeht über alle diese Opfer,
Leid, das nicht sein müßte!

Wie unscheinbar und gering erscheinen demgegenüber die
Kräfte,
die sich diesen Opfern
widersetzen und sie zu verhindern suchen!
So bitten wir dich,
daß du uns diese Kräfte stärkst
und sie wachsen und wirken läßt:
die Kraft der Besonnenheit,
die Kraft der Gerechtigkeit,
der Liebe und mitmenschlicher Solidarität,
der Ehrfurcht vor dem Leben,
der Verantwortung füreinander.
Behüte uns davor, daß unsere Herzen versteinern
durch Ideologien,
durch Wahnvorstellungen,
durch blinde Unterwerfung.
Gib, daß wir unsere guten Kräfte und Möglichkeiten
dir zur Verfügung stellen
in einem vernünftigen, dem Leben dienenden Gottesdienst
im Alltag.
Du bist nicht ein Gott, der Menschenopfer will,
Du bist der Schöpfer, der Freude hat an dem, was er schuf.
Was du geschaffen hast, das willst du auch erhalten.
Dazu brauchst du uns und dazu rufst du uns in deine
Gemeinschaft.

Amen

OSTERN

Unser Gott,
du bist ein Gott der Hoffnung, Schöpfer des Himmels und
der Erde!
Du läßt das Licht des Lebens aufgehen
mitten hinein in eine Welt,
in der es an Schatten und Dunkelheiten nicht mangelt.
Wir bitten dich, laß die Freude dieses hoffnungsvollen
Tages
in unsere Herzen und in unser Denken Einzug halten.
Die Morgendämmerung ist da,
der Tag bricht an.
Wir sind noch unterwegs und meinen: zum Grab.
Vergangenheit hält uns fest, Trauer bewegt uns,
da können wir vielleicht noch einen Liebesdienst erweisen,
etwas bewahren in der Erinnerung.
Und da sind die großen Steine,
die wegzuwälzen über unsere Kräfte geht,
Sorgen, Ängste, Unerreichbares, Verfehltes.
Wenn du nicht mit deiner Kraft da wärest,
die Sonne des Lebens uns leuchten ließest,
wenn dein Bote uns nicht sagte, was du tust –
wir blieben an all dem hängen
und blieben stecken im Kummer der Vergänglichkeit.
Wir preisen deinen Sohn Jesus Christus,
den du als Mensch und als Licht der Welt
an unsere Seite gestellt hast,
als den großen Zeugen der Hoffnung.
Er ist die Auferstehung und das Leben;
er redet nicht nur davon, er behauptet nicht nur,
er lebt in dieser Kraft und teilt sie uns mit,
schenkt sie auch uns.
Und darum bitten wir dich, daß dies geschehen kann.
Gib Hoffnung den Verlorenen aller Art,
die in der Nacht sind,
daß sie sich aufmachen, weil die Morgendämmerung da ist,
daß sie die Steine ihres Leids und Elends weggewälzt
finden
und die tröstliche Stimme deiner Boten vernehmen.

Wir bitten dich für die, die ihr Herz gehängt haben an Besitz
und Reichtum,
an Mächte, die auf die Dauer nichs taugen.
Wir bitten dich für die Gescheiterten, die Einsamen,
die Verbitterten,
die Ausgelaugten und Ausgebrannten,
die mit ihrem Leben nicht mehr viel anzufangen wissen:
Zeige uns allen einen besseren Weg durch Jesus Christus.
Du kannst jeden beschenken mit der großen Kraft der
Hoffnung,
so daß es uns leicht ums Herz wird,
daß wir aus ihr schöpfen können
und uns dann mit unseren Kräften und Möglichkeiten
den Aufgaben stellen,
welche der Tag und die Zeit mit sich bringt.   Amen

PFAHL

Unser Gott! "Der Pfahl im Fleisch!" –
Etwas, was weh tut, ein Hindernis, ein Schmerz,
den einer nicht loswerden kann,
der ihn durch sein ganzes Leben begleitet, quält sogar.
Hast du jedem Menschen, sichtbarer oder unsichtbarer,
einen solchen Pfahl im Fleisch mitgegeben,
jeden damit ausgestattet? Ein Stück Erinnerung daran,
daß wir hier nicht für immer zuhause sind,
eine Arznei gegen die Überheblichkeit?
Und das Kreuz Christi! –
Ein Pfahl im Fleisch der ganzen Menschheit,
um uns zu erinnern an das Leid und die Leidenden und an
die Notwendigkeit der Liebe, ohne die nichts heilen kann;
um uns zu schützen vor der Überheblichkeit,
die uns hart macht.
Für jeden ist es schwer, mit dem Pfahl im Fleisch zu
leben, vergeblich dagegen zu rebellieren
und in ihm ein Mittel zum Heil zu finden. Hilf uns
dazu!

Amen

Pfingsten

Unser Gott!
Wo dein Geist zu uns kommt,
wo er weht,
wo er die verschlossenen Türen und Fenster unseres Daseins
öffnet,
wo er lebendig ist,
da ist Freude,
da können wir aufatmen,
da wird es uns leicht ums Herz,
da werden wir befreit von Angst,
von der Enge unserer Vorstellungen und manchmal auch
Vorurteile,
von der Enge unseres Verstehens.
So sende uns
den Geist deiner Gerechtigkeit
als frischen Wind in unsere Welt,
den Geist der Wahrheit,
damit wir denken und handeln können im Sinne der Liebe
zu allem,
was du geschaffen hast.
Mache uns dein Wort lebendig und deutlich,
so daß es uns tröstet
und ermutigt für unsere Aufgaben.

Geist Gottes!
Durchwehe das Haus unseres Lebens.
Laß unser Herz dein Segel sein,
bewege es,
damit wir nicht nur angetrieben werden von den Wünschen
und Zielen,
die unsere Zeit für uns bereithält.
Bewege du uns und führe uns durch die Zeit
in das Morgen,
in das Land der Verheißung,
zu den nahen und fernen Küsten
hin zu dir.

Amen

SCHÖPFUNG

Unser Gott, Schöpfer des Himmels und der Erde!
Wie schön ist es, deinen Namen anzurufen,
ihn auszusprechen und zu nennen als Quelle des Lebens,
als die wunderbare Kraft, welcher alles sein Dasein
verdankt, auch wir selbst.
Die unendliche Weite des Himmels,
die unergründlichen Tiefen des Universums,
deine Hoheit am Himmel!
Und das kleinste Kind, das eben erst das Licht der Welt
erblickt hat – alles stimmt ein in dein Lob!
Der Himmel, die riesigen Scharen der Sterne und Planeten,
wie gewaltig ist das alles!
Wenn wir es betrachten und bedenken, dann kommen wir
uns selbst ganz klein vor und unbedeutend.
Wie gering ist unsere Macht,
wie kurz unsere Lebenszeit im Vergleich mit den
unermeßlichen Zeiträumen deiner Schöpfung!
Was sind wir Menschen? Wie kommt es, daß wir dir wichtig
sind, daß wir dir am Herzen liegen?
Du hast uns hohe Bedeutung gegeben unter allen Lebewesen
auf Erden, mit großer Macht hast du uns ausgestattet,
so daß wir die Welt verändern können, unser eigenes Leben
gestalten,
daß wir wirken können zum Guten und zum Schlechten.
Du hast uns Verantwortung gegeben für uns selbst und
füreinander, auch für die Generationen,
die nach uns auf dieser Erde leben sollen,
Verantwortung für die Tiere und ihre Lebensräume
auf der Erde und unter der Erde,
in der Luft und im Wasser.
Groß ist der Segen deiner Schöpfung.
Erhalte sie in deinem großen Frieden.
Erhalte uns in der Dankbarkeit für alles Leben
und in der liebevollen Verantwortung für alles,
was du geschaffen hast,
in der Ehrfurcht vor deinem Werk.

Amen

Schöpfung

Unser Gott,
der du Erde und Himmel gemacht hast,
segne uns mit den Wohltaten deiner Schöpfung,
mit Gesundheit unseres Körpers,
mit guten Kräften unserer Seele,
mit Klarheit des Geistes.
Segne uns mit Freude an unserer Arbeit
und mit dem wohltätigen Genuß der Ruhe und des süßen
Nichtstuns.
Segne uns mit guter Gemeinschaft
mit anderen Menschen
in unseren Familien,
in der Partnerschaft
und im Kreis der Freunde.

Unser Gott,
der du Jesus Christus als unseren Heiland hast
auf diese Erde kommen lassen,
segne uns mit deinem Frieden,
damit das Leben aller gedeihen kann,
damit alle sicher wohnen können
in gegenseitigem Vertrauen.
Segne uns mit der Fähigkeit des Gespräches,
mit Verständnis und Toleranz,
mit der Achtung vor dem, was andere erfahren haben
und denken,
mit der Kunst des Zuhörens.
Segne uns mit der Stärke der Geduld,
wo wir Schweres zu ertragen haben,
und mit der Hoffnung auf deine Hilfe,
wo mit unserer Macht nichts getan ist.
Dein Geist verleihe unserer Hoffnung Flügel,
unserem Geist Lebendigkeit.
Er halte uns über den Abgründen der Trauer
und der Sorge.
Deine Güte geleite uns.

Amen

SCHULANFANG

Lieber Gott,
wir bitten dich für diese Kinder, die heute zum ersten Mal in
die Schule kommen,
daß es ein schöner Tag für sie ist,
ein fröhlicher Anfang,
spannend zu erleben
mit all den anderen Kindern zusammen.
Gib den Kindern eine gute Zeit in ihrer Schule,
Freude an dem, was sie miteinander tun und lernen,
daß sie gut miteinander auskommen
und gute Freundinnen und Freunde sind.
Beschütze sie und segne sie.

Wir bitten dich für die Eltern,
daß sie die Kinder gut durch
die Schulzeit begleiten können,
mit Geduld und mit Augenmaß,
sie annehmen mit ihren Stärken
und mit ihren Schwächen,
und daß sie genug Zeit haben,
an ihrem Leben,
an ihren Freuden und Sorgen teilzunehmen.

Wir bitten dich für die Lehrerinnen und Lehrer dieser
Kinder,
daß sie verständnisvolle Begleiter der Kinder sein können,
erfolgreich miteinander arbeiten
und gemeinsam gute Fortschritte machen.
Wir bitten dich, daß die Heiterkeit und das Vergnügen nicht
auf der Strecke bleiben
bei all der Arbeit, welche die Schule mit sich bringt.
Wir bitten dich, daß alle – die Lehrer, die Kinder und die
Eltern –
im Vertrauen zueinander und in gegenseitiger Gerechtigkeit
und Achtung
das Leben in der Schule gestalten können.

Amen

SCHULJAHRESANFANG

Unser Gott!
Am Ende dieser Ferien wollen wir mit dir sprechen und dir
danken:
Es ist eine schöne Zeit gewesen.
Endlich hatten wir einmal genug Zeit zum Spielen
oder Badengehen oder für unser Hobby,
mit unseren Eltern und Geschwistern zusammen,
mit unseren Freunden und Freundinnen.
Wir danken dir auch für Neues, was wir erlebt haben und
kennengelernt:
Berge oder Meer,
andere Landschaften, andere Städte,
andere Dörfer,
andere Leute, andere Kinder.
Da haben wir gesehen, wie groß
und interessant diese Erde ist.
Laß uns jetzt wieder einen guten Anfang machen
in unserer Schule,
die Schüler und die Lehrer zusammen
und alle, die hier helfen und arbeiten.
Laß uns auch entdecken, daß es dabei viel Schönes und
Interessantes gibt,
und behüte uns davor,
daß wir mißmutig und lustlos sind,
unzufrieden und langweilig
und alles ungern anfangen.
Laß deinen Schutz bei jedem sein
und jedem helfen bei seinen Aufgaben.

Guter Gott,
du bist nicht wie ein Chef,
der hinter uns steht
und uns ständig auf die Finger schaut.
Du hast uns Talente geschenkt,
und nun liegt es an uns,
was wir daraus machen.

Amen

SCHULJAHRESANFANG

Guter Gott,
du bist wie ein Mensch, der seinen Besitz austeilt,
der jedem etwas gibt.
Jeder hat von dir Gaben bekommen, jeder ein Talent,
keiner ist leer ausgegangen.
Keiner hat alles, keiner hat nichts.
Deswegen brauchen wir uns gegenseitig.
Deswegen können wir uns gegenseitig ergänzen.
Wir bitten dich für diejenigen, die große Gaben bekommen
haben und besondere Fähigkeiten, daß sie dadurch nicht
stolz werden und überheblich gegen andere,
und sich nicht etwas einbilden auf die Gaben, die ihnen
geschenkt wurden.

Gemeinde: "Kyrie eleison" (EG 178.9)

Wir bitten dich für jeden Menschen, daß er seine Gaben
erkennt,
daß er entdeckt, was gerade er selbst für Stärken hat und wo
seine Möglichkeiten liegen,
daß er etwas Gutes daraus machen kann, auch wenn seine
Fähigkeiten nicht so besonders herausragen,
und sich freuen kann an den Erfolgen und Ergebnissen.

Gemeinde: "Kyrie eleison" (EG 178.9)

Wir bitten dich für diejenigen, die sich gar nichts
zutrauen,
die meinen, mit ihnen sei nichts los,
und für sie würde es sich nicht lohnen, sich Mühe zu geben
und sich anzustrengen.
Laß auch sie Erfolge erleben, Anerkennung finden, Lob und
Ermutigung,
damit sie sich nicht aufgeben
und die Gaben verkümmern lassen, die du gerade auch ihnen
gegeben hast.

Gemeinde: "Kyrie eleison" (EG 178.9)

SEGEN

Unser Gott, Schöpfer des Himmels und der Erde!
Du hast unser Menschsein gesegnet.
Es ist schön für uns ein menschliches Leben zu führen.
Zwar kann uns darin auch Leiden begegnen und Schweres zu
tragen sein,
aber unser Leben bietet viel Gutes, viel Freude und Glück.
Du hast uns mit allen anderen Lebewesen zusammen
teilhaben lassen an deiner schöpferischen Kraft:
wir können das Leben weitergeben,
wir können es beschützen, fördern, gedeihen lassen und
Fürsorge ausüben.
Wir bitten dich, daß wir deinen Segen dankbar genießen
können, nichts davon verächtlich machen
und uns gegenseitig gönnen, daran teilzuhaben.
Laß uns deinen guten Segen teilen und weitergeben
auch an alle anderen Geschöpfe und Werke deiner Hand,
an die Tiere und Pflanzen und alle Elemente,
damit nichts durch unser Verschulden, unsere Unachtsamkeit
und durch menschlichen Egoismus deines Segens beraubt
wird. Du hast Erde und Himmel gemacht.
Alle deine Werke können wohltuend werden für uns.
Der Segen der Ruhe dieses Tages, des Zeithabens,
des Nachdenkens, des zwanglosen Zusammenseins.
Der Segen des Arbeitens und sich Mühens im täglichen
Leben, der Segen des Neubeginns,
der Segen der geordneten Dinge
und der Segen des Offenen und Unfertigen.
Der Segen der Gesundheit und der Krankheit,
der dunkle Segen auch des Leides.
Alle Zeit, jeder Tag, ist deine offene Hand.
Im Geben und Nehmen werden wir zu dem,
wozu du uns bildest.
Schenke uns den Segen des Glaubens, wie Abraham ihn
erfahren hat, den Segen der Offenheit und des Vertrauens
für den Weg ins unbekannte Land der Zukunft, den großen
Segen deiner Liebe, die in Jesus Christus erschienen ist, den
Segen deines Geistes, der uns frei macht für unseren Weg
und zu deinem Frieden geleitet.   Amen

SELIGKEIT

Jesus Christus,
du bist gekommen, um zu suchen und selig zu machen,
was verloren ist.
Von dir geht keine Gefahr aus für andere Menschen,
du bringst keinen in Bedrängnis, treibst niemand in die
Enge, du bist gekommen, um Bedrückte und Gebeugte
aufzurichten, Verlorene zu suchen.
Du hast jeden Menschen in seiner Nacht gesehen in dem
Licht, das von Gott her auf ihn fallen soll,
in dem Licht seiner Liebe und Gnade.
Darum hast du ihn suchen können und aufrichten,
hast jeden annehmen können,
damit er frei wird, der zu werden,
der zu sein er von Gott geschaffen und berufen ist.

Wir bitten dich, daß wir erkennen, was Seligkeit ist,
damit wir nicht blind jedem Glücksversprechen nachlaufen
und unser Leben zu einer ruhelosen Jagd nach dem Glück
machen.
Hilf uns, in Dankbarkeit zu leben als Gottes Geschöpfe,
die seine Güte täglich erfahren.

Wir bitten dich: bewahre uns davor,
daß wir uns selbst aufgeben,
unser Dasein als wertlos und gleichgültig empfinden.
Laß uns die Hoffnung nicht ausgehen,
erhalte in uns die Widerstandskraft gegen das Elend.
Jeder Mensch hat in seiner Seele eine Erinnerung an den
Frieden, nach dem er sucht. Sie wird uns helfen
aufzubrechen und diesen Frieden zu finden.
Erhalte in den Menschen, die ins Abseits abgedrängt werden,
das Gefühl für ihre Würde, ihr Geliebtsein von Gott,
damit sie sich nicht verstecken und abweisen lassen,
sondern wie Zachäus deine Nähe suchen.
Du bist gekommen, auch sie zu suchen
und selig zu machen.

Amen

SELIGKEIT

Unser Gott!
Wenn wir durch das dunkle Tor des Todes gegangen sind,
wartet auf uns dein unvergängliches Licht.
Dann beschenkst du uns mit der Seligkeit,
die durch nichts getrübt,
mit dem Frieden,
der durch nichts gestört wird.
Alle Tränen wirst du abwischen von unseren Augen,
alles Leiden gehört der Vergangenheit an und ist
überwunden, kein Angstgeschrei wird mehr zu hören sein,
kein Schmerz mehr zugefügt.
Mach uns in der großen Hoffnung gewiß, daß wir dieser
Seligkeit entgegengehen.
Für den Weg dorthin bitten wir dich um Geduld,
um Kraft, unabwendbares Leid zu ertragen,
um Glauben, uns auch Schweres, wenn es uns auferlegt ist,
zum Besten dienen zu lassen,
um Liebe, Leiden und Elend nach Kräften zu lindern.
So gibst du uns einen Vorgeschmack der Seligkeit,
die du verheißen hast
und uns schenken wirst am Ende unseres Weges.
Erschließe uns das Geheimnis der Seligkeiten,
die denen verheißen sind, die Jesus Christus nachfolgen,
seinem Wort trauen und danach leben.
Es wird nicht ein strahlendes Glück sein,
Leid und Schmerz wird uns nicht vom Leib gehalten.
Du läßt uns Seligkeit finden und erfahren,
auch wenn wir Leid tragen müssen,
auch wenn wir nicht groß herauskommen.
Wenn wir uns um Gerechtigkeit bemühen,
versuchen, ohne Gewalt zu leben,
barmherzig zu sein und aufrichtig,
wenn es uns gelingt, Schritte zum Frieden zu gehen –
dann werden wir einen Vorgeschmack der Seligkeit erleben,
die am Ende aller Wege aufleuchten und uns erfreuen
wird.

Amen

SINN

Gott, unser Schöpfer!
Durch dich sind wir befreit von der Frage nach dem Sinn
unseres Lebens.
Befreit können wir leben als deine Geschöpfe.
Durch deinen Willen und deine Schöpferkraft gibt es uns.
Dies genügt, um Ja zu sagen zu unserer Existenz,
dankbar zu leben wie die Lilien auf dem Felde und die Vögel
unter dem Himmel,
mit ihnen zusammen als deine Geschöpfe.
Wir bitten dich,
stärke in uns dieses Vertrauen, diesen Glauben,
und bewahre uns durch ihn davor,
jemals einem Leben, das du ins Dasein gerufen hast,
seinen Sinn und seine Daseinsberechtigung abzusprechen
oder an dem Sinn unseres eigenen Lebens zu zweifeln.
Wenn Selbstzweifel an uns nagen,
wenn Schwermut nach uns greift,
wenn wir uns selbst klein und bedeutungslos vorkommen,
dann bewahre uns durch die Kraft des Glaubens davor,
uns in den Abgründen der Sinnfrage zu verlieren.
Stärke uns durch die Kraft der Liebe,
die uns geschenkt wird und die wir schenken können.
Ernähre unsere Seele, kräftige sie durch die Freude,
die wir jeden Tag erleben können auf vielerlei Art.
Laß uns behutsam umgehen mit unseren mitmenschlichen
Beziehungen, denn sie sind kostbar und können eine Quelle
der Freude und des Glücks sein.
Laß uns mit den Gaben, die uns geschenkt sind,
etwas Gutes und Nützliches anfangen und ausrichten.
Sie sind Zeichen der Bestätigung deines guten Werkes.
Halte uns davor zurück, daß wir uns in den Bann schlagen
und übermäßig faszinieren lassen
von großen und bewunderungswürdigen Leistungen
einzelner Menschen,
so daß wir, geblendet von solchem Glanz,
unsere eigenen Möglichkeiten nicht mehr wertschätzen.
Deine Kraft ist auch in den Schwachen mächtig.
Gib uns Augen, dies zu entdecken.   Amen

Sonntag

Gütiger Gott, Schöpfer des Himmels und der Erde!
Arbeit und Ruhe gehören nach deiner Weisheit zu unserem
menschlichen Leben und auch zum Dasein der Tiere.
Es ist angenehm für uns und wohltuend,
wenn wir einen guten Rhythmus finden
für unsere Lebensgestaltung,
Zeit der Arbeit, Zeit der Entspannung, wie wir es brauchen.
So sind wir froh, daß seit alters ein Tag der Ruhe
gesetzt ist und gepflegt wird.
Bewahre uns davor, daß dieser Tag der langweiligste von
allen wird und wir uns die größte Mühe geben müssen,
um die schöne Zeit tot zu schlagen
und unseren Erlebnishunger zu befriedigen.
Wir beten dafür, daß möglichst vielen Menschen das gute
Geschenk des Sonntags erhalten bleibt,
damit sie teilnehmen können am Gottesdienst,
an Besinnung und Feier,
sich in Ruhe erholen von den Anstrengungen ihrer Arbeit,
daß sie Geselligkeit und Gemeinschaft pflegen können
mit ihren Familien, Verwandten und Freunden
und damit jeder auch Zeit für sich selbst finden kann.
Auch am Sonntag gibt es unumgängliche Arbeit zu leisten,
halte uns aber davor zurück, diese gute Zeit
zusätzlich aufs Spiel zu setzen,
ohne daß dies wirklich notwendig wäre,
nur um dem Götzen Mammon und Profit
ein Opfer zu bringen.
Laß uns diesen Tag in Ruhe,
frei von Sorgen des Alltags
für uns allein
oder in guter Gemeinschaft genießen
und erhalte uns diese Zeit zur Versammlung
in deiner Gegenwart,
zum Zeichen, daß unser Leben mehr ist als Mühe und
Arbeit
und zur Feier deiner Güte.

Amen

STILLE

Unser Gott!
Stille und Ruhe sind etwas Kostbares, etwas Wohltuendes
für unser Leben.
Wir bitten dich, daß wir zur Ruhe kommen
und Stille finden können.
Oft ist es schön zu merken und mit allen Sinnen
wahrzunehmen,
wie das Leben pulsiert, wie es sich kraftvoll äußert.
Aber unser Leben ist laut geworden und voller Unruhe.
Stille finden wir kaum noch in unserem umtriebigen Dasein,
im Lärm unserer Geräte und Maschinen und Fahrzeuge.
Oft spüren wir auch, wieviel Kraft es kostet,
dieses laute und lärmende Leben auszuhalten.
Der Lärm nistet sich ein in uns, ergreift von uns Besitz,
läßt uns nicht mehr los.
Kaum können wir die Stille aushalten,
wenn sie sich einmal einstellt.
Laß uns dich erfahren in der Stille,
wo wir selbst zur Ruhe finden
und unser Geist sich öffnen kann für deine Größe
und für das Geheimnis deines Wirkens.
Von dir kann eine große Stille ausgehen,
eine wohltuende Ruhe hereinkommen
in unser bewegtes Leben.
Laß uns nicht verkümmern in der Unruhe und Zerstreuung,
in der Zersplitterung unserer Kräfte.
Schenke uns, daß wir gesammelt sein können in der Mitte
unseres Wesens,
gesammelt und gegenwärtig guten Mut zum Leben finden
und dem Vielerlei des Alltags gewachsen sind.
Führe unser Herz und unsere Sinne aus der Zerstreuung und
Ziellosigkeit in das Jetzt deiner Gnade,
aus unseren Irrfahrten in die Vergangenheit und die Zukunft
in die Gegenwart, in den heutigen Tag und die Offenheit für
das, was er mit sich bringt.
Dir vertrauen wir unser Leben an mit allem Tun und Lassen.
Laß dieses Vertrauen für uns zu einem Pfeiler im unruhigen
Strom der Zeit werden.   Amen

STILLE

Gütiger Gott,
in unserer kleinen unruhigen und lauten Menschenwelt
vergessen wir so leicht,
daß wir eingehüllt sind in eine große Stille.
Fern ist sie in den unermeßlichen Weiten des Universums,
und nahe uns, eingewoben in alle Dinge,
in die Stille der Landschaften, die großen Wüsten,
in die Gebirge und Wälder,
in das stille Wachsen eines Baumes,
in das unmerkliche Öffnen einer Blüte,
verborgen in der Tiefe unserer Seele.
Wir bitten dich, unseren Gott,
der im Verborgenen ist:
Berühre uns mit deiner Stille,
daß wir in uns selbst zur Ruhe kommen,
Freude, Besonnenheit, Vertrauen,
Klarheit und Stärke zum Tun des Gerechten finden.
Laß uns nicht nur achten auf den stürmischen Wind,
der alles bewegt,
auf das Erdbeben, das den Boden erzittern läßt
und ins Wanken bringt, auf dem wir leben,
auf die starken Kräfte des lodernden Feuers.
Berühre uns mit deiner Stille in dem sanften Sausen.
Laß sie uns erspüren in den Dingen, die du geschaffen hast,
in den entlegenen Orten, wo wir schweigen dürfen,
in dem lautlosen Schweben eines Vogels,
im leisen Schwanken eines Astes.
Schenke uns genug Augenblicke der Stille,
in denen wir Kraft schöpfen können,
die unsere Seele stärken und wappnen
gegen die Unruhe des Daseins.
Schenke uns die Stille Abrahams unter dem nächtlichen
Sternenhimmel,
die Stille Jakobs, der im Traum dich schaute und die
Himmelsleiter,
die Stille des Elia, der dich erkennt in einem stillen, sanften
Sausen,
die Stille des Christus:

98

seiner nächtlichen Geburt,
seiner einsamen Zwiesprache mit Gott,
der Lilien auf dem Felde,
des Friedens an seinem Tisch,
des nächtlichen Gespräches mit Nikodemus,
des österlichen Morgens.
In dieser Stille sei du selbst bei uns.   Amen

SUCHEN

Unser Gott,
in jeden Menschen ist eine große und starke Kraft des
Suchens gelegt,
jedem Kind ist sie mitgegeben,
und sie begleitet uns durch unser ganzes Leben hindurch.
Wie gut, daß du uns diese Kraft gegeben hast!
Bewahre uns davor,
daß sie erlahmt und erstickt,
daß sie zugeschüttet wird und verkümmert unter dem Schutt
schlechter Erfahrungen und Enttäuschungen.
Bewahre uns davor,
daß wir gar nicht mehr auf diese Stimme hören können,
weil uns dauernd Ziele und Wünsche aufgeschwatzt werden.
Es kann lange dauern, bis wir die eigene innere Stimme
unseres Suchens wieder hören lernen und vernehmen im
Lärm der Zeit.
Es kann lange dauern, bis wir spüren, was uns fehlt,
wonach wir uns sehnen und suchen,
und was für uns wirklich wichtig und wesentlich ist.
So bitten wir dich, daß wir lernen, die Stimme des Suchens
in uns zu hören,
so daß du selbst den Weg zu uns findest
und wir die Freude an deiner Gegenwart spüren können.
In all unserem Suchen werden wir nicht zur Ruhe kommen,
es sei denn, daß wir Ruhe finden in dir.
Nicht unser Suchen führt dahin,
sondern das gute Vertrauen,
daß du selbst unterwegs bist, uns zu suchen,
und die Gewißheit, daß du uns finden wirst.   Amen

TIERE

Unser Gott,
Himmel und Erde sind aus deiner Hand hervorgegangen,
Lebewesen in vielen Ordnungen und Arten.
Unermeßlich und wunderbar sind die Gestalten des Lebens.
Uns Menschen hast du geschaffen mit den Tieren
zusammen, wir sind gegenseitig aufeinander angewiesen
und bilden gemeinsam auf diesem Planeten ein wunderbares
Haus des Lebendigen.
Öffne uns die Augen dafür,
daß die Tiere unsere Mitgeschöpfe sind
mit ihrer eigenen Würde als deine Geschöpfe.
Sie sind nicht unser Besitz, schon gar nicht so etwas
wie Waren und Produkte unserer Hand.
Wir haben nicht das Recht, nach Gutdünken über sie zu
verfügen
und mit ihnen anzustellen, was immer wir wollen.
Jeder kann erkennen, daß auch die Tiere eine Seele haben,
daß sie sich freuen, daß sie traurig sind,
daß sie leiden, daß sie Angst empfinden, Einsamkeit,
Todesfurcht.
Gib uns mehr Mitgefühl für die Tiere,
mehr Achtung vor ihrer Würde,
Ehrfurcht vor ihrem Leben.
Wir rufen zu dir:

Gemeinde: "Herr, deine Güte" (Kehrvers EG 277)

Wir bitten dich um die Lebensweisheit des Noah,
der Menschen und Tiere in ein gemeinsames Boot
genommen hat,
Menschen und Tiere gemeinsam zu retten trachtete
vor der Katastrophe und dem Verderben.
Wir bitten dich um seine Klugheit,
durch die er Mittel und Wege gefunden hat,
die Rettung ins Werk zu setzen.
Laß uns klar erkennen, daß dein Friedensbund nicht nur uns
Menschen gilt,
sondern auch den Tieren mit uns zusammen.

Wir rufen zu dir:

Gemeinde: "Herr, deine Güte" (Kehrvers. EG 277)

Wir bitten dich für die Verantwortlichen in der Politik,
deren Aufgabe es ist, Gesetze zu schaffen,
die allem Leben dienen,
daß die Rechte der Tiere aufgestellt und geachtet werden,
damit dem Leiden und den Qualen der Tiere
durch die Hand von uns Menschen ein Ende gesetzt wird.
Nicht Wirtschaftlichkeit und Geld
dürfen den Ausschlag geben,
sondern die Lebensrechte der Tiere.
Auch ihnen steht Freude an ihrem Dasein zu,
genug Raum, Bewegung, Geselligkeit, Sexualität.
Wir bitten dich, daß von Rechts wegen ein Ende gesetzt wird
den qualvollen Tiertransporten
und allen überflüssigen Tierversuchen.
Durch all das wird nicht nur die Würde der Tiere beschädigt,
sondern auch die Würde und Ehre von uns Menschen
verletzt.
Wir rufen zu dir:

Gemeinde: "Herr, deine Güte" (Kehrvers. EG 277)

Trauer

Unser Gott,
schwer ist unser Herz in der Zeit der Trauer,
schwer ist es in den Stunden des Abschieds,
und es fehlen uns die Worte des Lobes und der Freude.
Aber wir bitten dich um den Glauben an deine
Gegenwart,
um das Vertrauen, daß du da bist als ein guter Hirte
und uns begleitest auch auf den dunklen und traurigen
Wegen.
Du bist die Quelle des Lebens, sein Ursprung und sein Ziel;
zu dir kehren wir alle zurück.
Bei dir werden wir erlöst sein von allem Schweren.
Du wirst abwischen alle Tränen von unseren Augen.
Der Tod wird nicht mehr sein,
kein Leid, kein Geschrei, kein Schmerz.
Jetzt noch haben wir viele Fragen und wenig Antworten,
vielleicht gar keine.
Aber es wird der Tag kommen, wo alle Fragen,
die uns heute bedrängen und das Herz schwermachen,
ihre Bedeutung verlieren,
weil wir zur Ruhe und Klarheit gekommen sind bei dir.
Laß uns das Gute nicht vergessen
der gemeinsam gelebten Zeit,
laß es mit uns gehen auf den weiteren Wegen,
Segen daraus hervorgehen und Trost.
Über den Tod hinaus reicht die Kraft der Liebe,
in der du selbst anwesend bist.
Du hast Himmel und Erde geschaffen,
von dir kommt unsere Hilfe.

Amen

Verheissung

Gott der Hoffnung,
Gott Abrahams, Jakobs und Moses,
Vater Jesu Christi!
Du führst uns auf den Weg in das Land der Verheißung,
in das Land, wo Milch und Honig fließen,
in das Land der Gerechtigkeit
und deiner Menschenfreundlichkeit,
in das Reich deines Friedens.
Leuchtender Feuerschein,
lebensspendende Wolke zeigen den Weg.
Wir sind unterwegs zu einem guten Ziel.
Manchmal führt der Weg durch dürres, schwieriges Land,
durch wüste und leere Gebiete voller Not und Leiden,
die uns nicht gefallen,
wo wir aufgeben wollen und uns zurücksehnen nach
früheren Zeiten,
von denen wir denken, daß sie angenehmer, leichter und
besser gewesen sind.
Dann werden wir verbittert und suchen nach Schuldigen,
oft auch ungerecht gegen andere Menschen,
und wenden uns ab von dir,
entfernen uns von der Quelle der Hoffnung.
Sei du dann bei uns mit deiner Treue
und leiste uns deine Hilfe,
vor allem gib uns neuen Lebensmut,
daß wir den Übeln ins Gesicht schauen
und ihnen mit Tapferkeit und Geduld begegnen,
geheilt von Verbitterung und Verzweiflung.
Laß uns gestärkt hervorgehen aus den Gefahren,
in die wir auf unserem Wege geraten.
Wir gedenken des schweren und leidvollen Weges Jesu,
deines Sohnes, unseres Bruders.
Er ist nicht den leichten und bequemen,
sondern den guten Weg deiner Liebe gegangen,
uns das Tor des Heils zu eröffnen nach deiner Verheißung.
Leite und erhalte uns auf seinem Wege.

Amen

VERTRAUEN

Unser Gott,
laß in uns die Kraft des Vertrauens nicht verkümmern und
dahinschmelzen,
daß wir nicht ohne Zuversicht, ohne innere Stärke,
ohne das Gefühl der Geborgenheit leben müssen.
Viel Vertrauen ist in die Brüche gegangen und verspielt
worden,
Vertrauen zwischen uns Menschen,
Vertrauen in die Mächtigen, Vertrauen in die Klugen,
Vertrauen in die Menschen, denen man auf der Straße
begegnet,
oder mit denen man in einem öffentlichen Verkehrsmittel
zusammentrifft.
Unser Leben ist durch viel Mißtrauen vergiftet.
Laß uns dich finden als eine Quelle des Vertrauens.
Bestärke uns in dem Vertrauen auf deine Gerechtigkeit,
auf dein Rechtmachen und Zurechtbringen aller Dinge und
allen Geschehens.
Laß es uns wahrnehmen in deiner Schöpfung.
Laß es uns erkennen in deinem Sohn Jesus Christus,
in seinem Zurechtbringen,
in seiner Aufrichtigkeit, mit der er Ja und Nein sagte,
mit der er sich den Menschen zuwandte,
deren Leben aus den Fugen gegangen ist,
wie er mit ihnen Schritte ging in eine bessere Zukunft.
Laß die Kraft des Vertrauens uns zuströmen aus deinem
lebendigen Geist,
der nicht ruht und nicht rastet uns zu bewegen
und zu gewinnen für das große Geheimnis deines Daseins.
Du bist nicht betäubt durch den Lärm der Zeit,
du bist nicht aus den Fugen durch schlechte Erfahrungen,
du hängst die Fahne nicht nach dem Wind
und setzt die Maßstäbe nicht nach den Moden des Tages.
Du, der in der Stille da ist, hast uns dein Ohr zugeneigt,
deine Hilfe oft bewiesen,
deinem Volk Israel und allen deinen Geschöpfen auf ihren
Wegen durch die Zeit,
jedem von uns.

Die Kräfte der Jugend kommen von dir
und auch die Stärken des Alters.
Laß es uns daran nicht fehlen.
Jeder von uns kann dazu beitragen, daß Vertrauen
zurückgewonnen wird
durch Verläßlichkeit und Aufrichtigkeit.
Es ist der Mühe wert.
Hilf uns dabei.   Amen

Verzweiflung

Unser Gott,
es gibt die Stunden der Verzweiflung.
Es gibt die Stunden, wo wir keinen Boden mehr spüren
unter unseren Füßen,
wo unsere Gedanken wie gelähmt sind,
unser Herz schwer und verschlossen,
unsere Ohren taub für tröstlichen Zuspruch.
Es ist Zeit des Schweigens, Zeit der Einsamkcit.
Die Nacht zieht sich endlos hin. Wo bleibt der Morgen?
Und doch ist er unterwegs,
auch zu mir,
der noch nichts von ihm sieht,
auch zu mir wird das Licht des Morgens kommen.
Gottes Treue ist groß,
jeden Morgen neu.
Gerufen und nicht gerufen wird sie da sein.
Noch ist nicht aller Nächte Morgen.
Nie ist das Schlimmste ganz da. Noch können wir warten.
Noch können wir fragen.
Noch können wir zweifeln.
Noch können wir das Schweigen aushalten,
miteinander.
Noch wissen wir nicht, was Gott tun wird,
aber er wird sich treu bleiben, der Barmherzige.
Erfülle dein Wort an uns:
"Ich werde da sein!"

Amen

WAHRHEIT

Unser Gott,
gib uns Liebe zur Wahrheit, so daß wir nach Wahrheit
suchen und fragen und uns bemühen um ihre Erkenntnis.
Wir sind abgestumpft, gleichgültig und tief enttäuscht.
Wir kümmern uns zu wenig um Wahrheit oder haben es
sogar ganz aufgegeben, nach ihr zu fragen.
Wie können wir Halt finden und Ruhe im Glauben,
wenn unser Geist oberflächlich ist?
Wie können wir Hoffnung aufbringen ohne Liebe zur
Wahrheit?
Wie können wir dazu beitragen, daß auf dieser Welt mehr
Liebe da ist, mehr gegenseitiges Verständnis herrscht,
mehr Achtung voreinander, mehr Hilfsbereitschaft,
wenn wir gleichgültig in den Tag hineinleben
und keine Liebe zur Wahrheit haben?
Wecke uns auf aus dem Schlaf der Gleichgültigkeit,
befreie uns von der Resignation des Fragens
und schenke uns Freude an der Erkenntnis der Wahrheit,
Geduld des Suchens, Demut im Wissen.
Behüte uns davor, daß wir über einander richten.
Gib uns offene Ohren füreinander,
daß wir unserem Mitmenschen Liebe erweisen,
indem wir bereit sind, auf ihn zu hören.
Behüte uns vor Empfindlichkeit,
damit wir nicht beleidigt und eingeschnappt sind,
wenn einer anderer Meinung ist als wir selbst.
Laß uns als deine Gemeinde lebendig sein im Streit um die
Wahrheit, im Streit um den rechten Weg,
um das Gelingen unseres Lebens.
Befreie uns von dem Hochmut des Wissens.
Unser Wissen ist Stückwerk und wird es immer bleiben.
Deine Wahrheit, die du uns in Jesus Christus offenbarst,
ist von anderer Art: Es ist die Wahrheit der Liebe.
Um sie bitten wir dich, denn sie bringt uns in Einklang mit
dem Leben, in Einklang mit uns selbst, mit unseren
Mitmenschen und mit dir.

Amen

WARTEN

Guter Gott,
in jedem Menschen ist ein Verlangen nach dir,
eine Sehnsucht nach dem Ursprung des Lebens,
wo es frisch und bewegt aus der Quelle hervorgeht,
aus dir selbst,
so daß es Freude schenkt,
Sinn gibt,
Nähe und Wärme,
Offenheit für unsere Mitmenschen
und für deine ganze Schöpfung.
So warten wir auf dich, auf dein Kommen,
wie Simeon gewartet hat,
auf deinen Advent in unserem Leben.
Oft tappen wir im Dunkeln,
im Nebel der Ungerechtigkeiten, die unser Leben verwirren,
in den Verfinsterungen der Gedanken durch Angst,
Habsucht und Gewalt,
überschattet von Hoffnungslosigkeit,
im Dahindämmern unserer schöpferischen Kräfte und
Möglichkeiten,
in düsterer Unfreundlichkeit.
Laß die gute Kraft des Wartens in unseren Herzen nicht
erlahmen.
Laß uns das Licht wahrnehmen,
indem du selbst zu uns kommst,
in Jesus Christus,
das Licht, das in seinem Leben aufleuchtete,
und das nicht erlöschen wird,
ein Licht für alle Völker,
ein Licht für alle Menschen.
Öffne uns die Augen
nicht nur für die Zeichen der Zeit,
sondern für die Zeichen deines Kommens,
damit unsere unruhigen Herzen
zur Ruhe kommen bei dir
und wir hingelangen zu deinem Frieden.

Amen

WEIHNACHTEN

Unbekannter, verborgener Gott,
du kommst uns nahe,
du erscheinst da, wo wir sind,
als Mensch unter Menschen,
nimmst den Weg auf dich, teilst alles mit uns:
Geborenwerden und Sterben.
Als deinen Kindern und Geschöpfen ist uns das kostbare
Geheimnis des Lebens geschenkt.
Noch erfassen wir es nicht ganz und vollkommen,
noch sehen wir nur Anfänge,
sehen auch Schatten und Dunkelheit,
Verletzungen und Leiden,
aber doch in dem allem das Licht
deiner unzerstörbaren Liebe.
Unsere Hoffnung ist, daß du nicht nur in Bethlehem zur
Welt gekommen bist,
sondern auch in unser Leben hereinkommst und uns
erfreust mit deiner Freundlichkeit und Menschenliebe.
An ihr fehlt es oft in unserer Zeit.
Wir jagen und rennen nach vielerlei Gütern
und setzen dabei gerade das aufs Spiel, was wir nötig
haben, um ein erfülltes Leben zu führen.
Du läßt uns den festen Grund unseres Heils verkünden
durch dein Evangelium
und richtest uns dadurch auf zu einem befreiten und
liebevollen Leben.
Du machst uns fähig, einander aufrichtig und offen
anzunehmen.
Erfülle deine Gemeinde mit deinem lebendigen, guten Geist
durch Jesus Christus.
Erhalte uns in der Liebe zu seinem Wort.
Laß uns dadurch das Licht des Lebens aufgehen
und führe uns auf seinem Weg.
Stärke uns durch das Fest, das wir zu seiner Ehre feiern,
ernähre unseren Glauben durch die Freude dieses Festes
und gib uns in ihm Anteil an dem Erbe des ewigen Lebens.

Amen

Weihnachten

Unser Gott,
mit Freude feiern wir das Geheimnis und das Wunder deines
Kommens.
Wie gut ist es, von deiner Gegenwart zu wissen,
von deinem verborgenen Licht im Dunkel der Welt und der
Geschichte.
Da können die Kaiser ihre Befehle geben,
und die Statthalter können ihre Maßnahmen ergreifen,
das Volk kann sich auf den Weg machen
und die Schreiber können ihre Listen ausfüllen,
aber du allein bist es, der alles zum Heil lenkt und führt,
indem du deinen Frieden in unsere Geschichte hineinfließen
läßt, dein Licht hineinstrahlen in unsere Dunkelheit.
Darum loben wir deinen Namen
und hoffen auf deine Liebe, die unsere kleinlichen Grenzen
übersteigt, die alles umspannt vom Aufgang der Sonne bis
zu ihrem Niedergang.
Unserem hochfliegenden Sinn,
unserem Streben nach Größe und Macht
setzt du deine Bewegung entgegen,
deine Hinwendung zu den Geringen,
dein Aufrichten aus dem Staub,
daß der arme Mensch erhoben wird aus dem Schmutz seines
Elends und neben denen steht,
die angesehen und bewundert werden.
Zeige auch heutzutage die Kraft deines Friedens,
daß wir aus vollem Herzen dich loben und von deiner
Gegenwart singen,
und daß wir draußen im alltäglichen Leben als Zeugen
deiner Liebe leben können.
Öffne unsere Augen, unseren Verstand und unser Herz
für das wahre Licht des Lebens,
das in deinem Sohn Jesus Christus aufstrahlt.
Laß uns durch dieses Licht uns selbst
und unsere Mitmenschen im Licht deiner Liebe sehen
und in ihrem Sinne damit umgehen.

Amen

WEIHNACHTEN

Jesus Christus,
wir loben dich für dein Wort.
Es ist ein Wort, welches das Wunder aufschließt,
dem Geheimnis nahebringt,
Liebe zum Leben gibt,
Vertrauen stiftet und Hoffnung macht.
Dein Wort setzt keinen Menschen herunter,
sondern ist ein Wort der Fürsprache und des
Verständnisses.
Es verletzt nicht, beschädigt nicht, engt nicht ein,
sondern heilt, richtet auf und befreit.
So bist du als der große Zeuge der Liebe Gottes auf dieser
Erde gewesen, du selbst bist das Wort Gottes in Person,
in dir begegnet uns Gott, spricht zu uns, ist da.
Mitten in der Dunkelheit, die sich über unser Leben legt
durch Gewalt und Verachtung,
leuchtet seine Liebe auf.
Fremd bist du geblieben in der Gestalt des gewöhnlichen
Menschen,
verborgen in dem vergänglichen und begrenzten Dasein,
in dem leiddurchwirkten,
verborgen für den, der nach hohen Dingen trachtet.
Nun feiern wir dein Kommen,
den Anfang deines Weges in der Niedrigkeit und
Bescheidenheit.
Die Liebe Gottes macht sich auf den Weg,
spricht und geschieht.
Überflutet von Worten, übersättigt vom Gerede –
taugen wir da noch als deine Gesprächspartner?
Laß uns von vorne anfangen mit dem Wort,
wie ein Kind, das noch nichts weiß von Begriffen und
Formeln,
damit das Wort wieder Bedeutung gewinnt, Sinn und
Wirkung, Gegenwart und Gewicht,
daß du selbst da bist bei uns als tragender Grund
und wir nicht untergehen im Meer des Geschwätzes.

Amen

WEISHEIT

Unser Gott,
dich bitten wir um Weisheit.
Wie altmodisch klingt das in unseren heutigen Ohren!
Intelligenz ist gefragt. Sie bringt Erfolg und Geld,
Macht und Ansehen.
Cleverneß ist begehrt.
Geschickt sein, die Gunst der Stunde nutzen,
den eigenen Vorteil erkennen und kaltblütig erringen.
Und dennoch! Schenke du uns Weisheit,
Weisheit, die aus Lebenserfahrung herauswächst,
aus Besinnung und Einsicht,
auch aus der Erfahrung von Schuld und aus dem Leiden.
Weisheit, die uns unterscheiden hilft zwischen
Wesentlichem und Unwesentlichem.
Weisheit, die vielleicht mehr Fragen hat als Antworten,
aber gerade so uns öffnen kann deinem Wort
und dem, den du uns zur Weisheit gemacht hast:
Jesus Christus.   Amen

WISSENSCHAFT

Gott, unser Schöpfer!
Du hast uns geschaffen, "Vernunft und alle Sinne"
gegeben.
Wissen wollen, forschen, die Welt verändern,
hast du uns in die Wiege gelegt. Und wir haben es weit
gebracht damit. Große Wohltaten verdanken wir unserer
Wissenschaft, aber auch große Gefahren und viel Leiden.
Keiner vermag mehr, das Ganze zu überblicken.
Keiner kann mit Sicherheit ermessen,
wo das alles hinführen wird.
Viel Geld, viel Ehre, viel Macht steht
auf dem Spiel, so daß die Gefahr groß ist,
Klugheit und Vorsicht zu vernachlässigen.
Beschütze uns davor und gib uns besonnene Menschen,
die der Wissenschaft dienen und dabei das Wohl aller
im Auge behalten.   Amen

WORT

Dreieiniger Gott, unser Schöpfer!
Wir bitten dich, daß du durch die schöpferische Kraft deines
Wortes an uns arbeitest,
die Finsternis vertreibst und Klarheit schaffst,
Licht in unseren Verstand,
Helligkeit und Freude in unser Herz bringst.
Die ganze Schöpfung, der ganze Kosmos ist deine Sprache,
in allem läßt du dich vernehmen und äußerst dich,
deine unbegreifliche, wunderbare Weisheit,
deine unermüdliche Energie.
Auch in uns selbst finden wir dein Wort,
weil wir deine Geschöpfe sind.
Wir bitten dich, daß wir darauf achten können,
und nicht deine Sprache übertönen lassen
durch den Lärm und das Getöse, das wir von uns geben.
Laß uns deine Weisheit finden als Licht für unseren Weg.
Wir bitten dich:

Gemeinde: "Treib unsern Willen, dein Wort zu erfüllen"
(EG 447,8)

Jesus Christus!
"Im Anfang war das Wort und nicht das Geschwätz,
und am Ende wird nicht die Propaganda sein,
sondern wieder das Wort.
Das Wort, das bindet und schließt,
das Wort der Genesis,
das die Feste absondert von den Nebeln und den Wassern,
das Wort, das die Schöpfung trägt" (Gottfried Benn).
Du selbst bist Gottes Wort an uns.
Durch dich, durch deine Art zu leben,
durch das, was du gesagt hast,
hat uns Gott selbst angesprochen
als der Liebende und Gütige.
Wir bitten dich:

Gemeinde: "Treib unsern Willen, dein Wort zu erfüllen"
(EG 447,8)

112

Heiliger Geist!
Du bist Lebendigkeit, schöpfst frisches Wasser der Weisheit
aus der Quelle,
die Jesus Christus ist.
Du bist Kraft und gibst Kraft.
Du bist Lebensnähe.
Du mußt da sein, wenn das Wort nicht verkommen soll zur
Phrase,
zu leeren, kümmerlichen Formeln.
Sei bei uns, damit das, was wir im alltäglichen Leben zum
Ausdruck bringen,
in Worten und in Taten glaubwürdiges und aufrichtiges
Zeugnis des Evangeliums ist.
Gebrauche uns dazu, daß auch durch uns Gottes Liebe
wirklich da ist in der Welt.
Wir bitten dich:

Gemeinde: "Treib unsern Willen, dein Wort zu erfüllen"
(EG 447,8)

WUNDER

Unser Gott,
wir Menschen haben eine heimliche Sehnsucht nach dem
Sensationellen.
Zugleich sind wir voller Skepsis und Zweifel.
Wir möchten gerne unseren Glauben auf Wunder gründen
und können doch selten dabei wirklich zur Ruhe
und Gewißheit kommen.
"Es gibt kein Wunder für den,
der sich nicht wundern kann."
(Marie von Ebner-Eschenbach)
Laß uns diese Fähigkeit wiedergewinnen,
die Fähigkeit des Wunderns und Staunens,
nicht nur über das, was über unseren Verstand geht.
In allem ist dein Geheimnis da.
Öffne uns für das Wunder deiner Liebe, von dem uns
das Evangelium erzählt und das in Jesus Christus in
unsere Lebenswirklichkeit hereingekommen ist.   Amen

ZIVILCOURAGE

Unser Gott,
wo dein Name genannt wird, entsteht Weite,
da öffnen sich die Horizonte
und alle Enge wird hinfällig.
So bitten wir dich, daß wir begreifen:
Wir sind nicht nur alleine für uns da,
es genügt nicht, wenn wir uns um die persönlichen und
privaten Angelegenheiten kümmern und Gedanken machen.
Du sagst uns durch die Stimme deines Propheten:
"Suchet der Stadt Bestes!"
Zieht euch nicht nur zurück in die eigenen vier Wände,
laßt es euch darin gutgehen,
gleichgültig, was draußen vor sich geht.
Zieht euch nicht zurück vor dem öffentlichen Leben,
von den Sorgen und Problemen anderer Menschen.
Laßt euch nicht bequem zurücksinken in eine
Zuschauerrolle.
Meint nicht, daß dadurch etwas gewonnen ist, daß man
wegschaut.
Wendet euch nicht ab, wenn andere ungerecht behandelt
werden,
wenn Ausländer bedroht werden,
wenn Fremden Gewalt angetan wird.
Sagt nicht: Ich bin nicht zuständig,
mich geht das nichts an,
und ich werde mich doch nicht einmischen
und mir dabei selbst Schwierigkeiten einhandeln.
Schweigt nicht, wenn Gewalt angedroht wird,
schweigt nicht, wenn sich Roheit zeigt
und wenn Vorurteile propagiert werden.
Wenn alle so denken, dann wird die Ungerechtigkeit
überhand nehmen.
Wenn alle so denken, dann kann sich jegliches Übel
ausbreiten.
Deswegen bitten wir dich um Mut,
um Beherztheit,
wenn es gilt, Rechte von Menschen zu verteidigen,
wenn es gilt, für Menschlichkeit einzutreten.

Du hast uns nicht gesagt, daß es immer bequem sein wird,
der Nächstenliebe, der Gerechtigkeit, dem Frieden
zu dienen.
Gib uns den Geist der Liebe
und damit verbunden den Geist der Kraft und der
Besonnenheit.   Amen

ZWEIFEL

Unser Gott!
Danke, daß du uns die Fähigkeit gegeben hast zu zweifeln.
Das hast du als unser Schöpfer so gewollt.
Du wolltest uns als ein lebendiges Gegenüber und nicht als
Marionetten, die sich willenlos und unselbständig an Fäden
bewegen lassen.
Wo bliebe die Freiheit, wenn wir nicht zweifeln könnten?
Wenn wir nur funktionieren könnten auf Knopfdruck wie
Roboter,
nur uns lenken und leiten lassen von einem jeglichen Geist
und jeglicher Macht?
Wenn wir nicht zweifeln könnten am Sinn einer Sache,
an der Wahrheit von Behauptungen,
an Gerechtigkeit von Maßnahmen und Verhältnissen?
Befehlsempfänger wären wir,
die sich aus allem herausreden
und alle Verantwortung von sich weisen.
Menschen, die nicht zweifeln, gefallen dir nicht.
Sie geraten in Heillosigkeit.
Sie werden sich selbst und ihren Mitmenschen gefährlich,
Funktionäre, welche die Freiheit zerstören,
Handlanger, zu allem Bösen und jeder Grausamkeit
bereit,
Fanatiker, Radikale, denen für angeblich gute Zwecke
jedes Mittel heilig ist.
Vor dieser Sorte von Zweifellosigkeit
Wolltest du uns gnädig behüten und bewahren.
Du hast deinen Jünger Thomas nicht verdammt,
weil er gezweifelt hat. Du hast ihm deine Wunde,
das Zeichen deiner Liebe gezeigt.   Amen

ZWEIFEL

Gütiger Gott!
Wir sind unterwegs auf dem Meer der Zeit.
Da drohen Stürme und Gefahren.
Da können die Winde wehen aus allen Richtungen
und unser Schiff ins Schwanken bringen.
Wenn wir unsere Augen nur auf die Gewalt des Sturmes
richten
und auf die mächtigen Wellen,
dann triumphiert die Angst.
Dann siegt der Zweifel.
Dann droht der Abgrund uns zu verschlingen.
Erscheine uns!
Sprich uns Mut zu!
Reiße unseren Blick aus dem Bann der Stürme und
Gefahren
und ziehe ihn auf dich.
Gib uns Vertauen, daß Kräfte da sind
auf dem Meer der Zeit,
die uns tragen und bewahren vor den Abgründen.
Stürme und Winde werden immer wieder auftreten,
das Schiff unseres Lebens in Gefahr bringen.
Dann laß uns nicht in Zweifel versinken,
nicht an der Rettung verzweifeln.
Höre unser Rufen, strecke deine Hand aus
und halte uns über den Tiefen.

Amen

Kirchenjahr

Bibelstellen

Vorschläge für die Eingangspsalmen

Abschied   S. 9: Ps 126 (EG 750).
Advent   S. 10: Ps 24 (EG 712).
Advent   S. 10/2: Ps 43 (EG 724).
Advent   S. 11: Ps 34 (EG 718).
Advent   S. 12: Lobgesang der Maria (EG 761) oder Ps 145 (EG 756).
Angst   S. 13: Ps 102 (EG 741).
Angst   S. 14: Ps 17 (EG 714).
Arbeit   S. 14: Ps 8 (EG 705).
Arbeit   S. 16: Ps 1 (EG 702).
Armut   S. 17: Ps 113 (EG 745).
Aufbruch   S. 18: Ps 139 (EG 754) oder Ps 51 (EG 727).
Auferstehung   S. 19: Ps 91 (EG 736).
Aufgabe   S. 20: Ps 67 (EG 730).
Barmherzigkeit   S. 21: Ps 25 (EG 713).
Beharrlichkeit   S. 22: Ps 73 (EG 733).
Bekehrung   S. 22: Ps 25 (EG 713).
Das Böse   S. 23: Ps 51 (EG 727).
Das Böse   S. 24: Ps 139 (EG 754).
Demut   S. 25: Ps 104 (EG 743).
Einheit   S. 26: Hymnus aus dem Philipperbrief (EG 764).
Einsamkeit   S. 27: Ps 25 (EG 713) oder Ps 102 (EG 741).
Engel   S. 28: Lobgesang der Maria (EG 761).
Engel   S. 29: Ps 34 (EG 718) oder Ps 91 (EG 736).
Epiphanias   S. 30: Ps 27 (EG 714).
Epiphanias   S. 31: Ps 96 (EG 738).
Epiphanias   S. 32: Ps 8 (EG 705).
Erinnerung   S. 33: Ps 11 (EG 744).
Familie   S. 34: Gott, du bist freundlich zu uns (EG 768).
Fortschritt   S. 35: Ps 8 (EG 705).
Freiheit   S. 36: Ps 126 (EG 750).
Freude   S. 37: Ps 126 (EG 750) oder Ps 150 (EG 758).
Friede   S. 38: Ps 4 (EG 703) oder Ps 46 (EG 725).
Friede   S. 39: Ps 71 (EG 732).
Friede   S. 40: Ps 37 (EG 720).
Gehorsam   S. 42: Hymnus aus dem Philipperbrief (EG 764) oder Ps 30 (EG 715).
Gemeinde   S. 43: Ps 111 (EG 744).
Glauben   S. 44: Ps 8 (EG 705).

Raum für Bemerkungen

Raum für Bemerkungen

Bücher von Herbert Vinçon
im Betulius Verlag Stuttgart

Du verstehst meine Gedanken von ferne
Gebete für den Gottesdienst
144 Seiten, kartoniert
ISBN 3-89511-010-8

Wer am Gottesdienst teilnimmt, findet dort auch Zeit und Gele-
genheit zum Beten, zum Gespräch mit Gott. Der Alltag mit seiner
Unruhe gewährt diese wohltuende Möglichkeit nicht so leicht. In
der Gemeinde beten wir mit den altüberlieferten Worten der Psal-
men, haben aber auch Zeit für das ganz persönliche, konkrete
Gespräch mit Gott in der Stille. Dazwischen stehen die Gebete,
die uns sammeln und in Verbindung bringen mit dem, was im
Gottesdienst gefeiert wird, mit der Gegenwart und dem Wirken
Gottes.
Die hier zusammengefaßten Gebete sind im Lauf mehrerer Jahre
aus der eigenen Predigtarbeit entstanden. Der jeweilige Ort des
Gottesdienstes im Kirchenjahr und der mit den Wochensprüchen
und dem Thema der Sonntage verbundene biblische Bezug ist bewußt aufgenommen.
Da Familiengottesdienste und die Verbindung mit dem Kinder-
gottesdienst das gottesdienstliche Leben mitprägen, sind eine
ganze Reihe der Gebete so gefaßt, daß auch Kinder ihren Sinn verstehen und mitbeten können.
Lob und Dank, Bitte und Fürbitte finden hier in einfacher und
doch der gottesdienstlichen Tradition angemessener Sprache ganz
neuen Ausdruck.
"Die Gebete haben eine klare, verständliche und wohltuende
Sprache. Man kann sie nicht nur wörtlich verwenden, sondern
sich auch von ihnen anregen lassen. ... Ein Gebrauchsbuch, wie
man sich viele wünscht!"
("Die Zeichen der Zeit")

Betulius Verlag Stuttgart

Familiengottesdienste von Herbert Vinçon

Die Reise des Sterns
8 Familiengottesdienste für Advent,
Weihnachten und Epiphanias
128 Seiten, kartoniert
ISBN 3-89511-043-4

Der Baum des Königs
8 Familiengottesdienste
für die Passionszeit und Ostern
112 Seiten, kartoniert
ISBN 3-89511-055-8

Freuet euch der schönen Erde
9 Familiengottesdienste für die Herbstzeit
112 Seiten, kartoniert
ISBN 3-89511-053-1

Für die wichtigsten Feste der Christenheit hat Herbert Vinçon in diesen Bänden praxiserprobte Familiengottesdienste mit Liedern, Geschichten, Szenen und Gebeten zusammengestellt. In einer Zeit, in der die Lebenswelten von Kindern und Erwachsenen immer weiter auseinanderfallen, führen Familiengottesdienste die ganze Gemeinde im gemeinsamen Feiern, Singen, Spielen und Beten zusammen. Kinder lieben Feste und finden durch sie am besten Zugang zur Bedeutung des Glaubens und zum religiösen Leben, vor allem wenn sie mit Erwachsenen zusammen diese Feste und Feiertage des Kirchenjahrs begehen.

Alle Modelle können nahezu unverändert verwendet werden. Sie enthalten aber auch viele Vorschläge dafür, wie der Familiengottesdienst in der Gemeinde jeweils vorbereitet werden kann.

"Die Entwürfe bieten Anregung für die eigene kreative Gestaltung. Wenn man Texte wortwörtlich übernehmen will, kann man das mit Texten von solcher Qualität guten Gewissens tun. Wer sich helfen lassen will bei der Gestaltung von Familiengottesdiensten, findet hier Hilfe." ("Für Arbeit und Besinnung")

Betulius Verlag Stuttgart